MÉMENTO,

PAR UN CONTROLEUR AMBULANT.

La Lettre tue,
L'Esprit vivifie.

AVIS.

Le seul mérite de ce Mémento consiste dans la réunion, sous le plus petit volume possible, de tout ce qui est essentiel dans les exercices. Il faisait partie du portefeuille d'un Contrôleur ambulant. Plusieurs copies furent prises, beaucoup demandées; il a été imprimé sous un format qui permet de le faire entrer dans un portefeuille ordinaire.

Prix: 1 fr.

A PITHIVIERS,

Chez D. CLAVEL, Commis à pied, rue du Croissant, n° 3.

Janvier 1840.

Le dépôt d'exemplaires ayant été fait conformément à la loi, les contrefacteurs seront poursuivis.

Pithiviers, Imp. de Chenu.

BOISSONS EN CERCLES

VENDUES A LA BOUTEILLE A RAISON DE

Contenance des bouteilles en centil.	10	13	15	18	20	25	30	35	40	45	50	55	60	65	70	75	80	85	90	95	100
64	16	20	23	28	31	39	47	55	63	70	78	86	94	102	109	117	125	133	141	148	156
65	15	20	23	27	30	38	46	54	61	68	76	83	91	98	106	114	121	129	136	144	152
66	15	20	22	27	30	38	45	53	61	68	76	83	91	98	106	114	121	129	136	144	152
67	15	19	22	27	30	37	45	52	60	67	75	82	90	97	104	112	119	127	134	142	149
68	15	19	22	26	29	37	44	51	59	66	74	81	89	96	103	110	118	125	132	140	147
69	14	19	22	26	29	36	43	51	58	65	72	80	87	94	101	109	116	123	130	138	145
70	14	19	21	26	29	36	43	50	57	64	71	79	86	93	100	107	114	121	129	136	143
71	14	18	21	25	28	35	42	49	56	63	70	77	85	92	99	106	113	120	127	134	141
72	14	18	21	25	28	35	42	49	56	63	69	76	83	90	97	104	111	118	125	132	139
73	14	18	21	25	27	34	41	48	55	62	68	75	82	89	96	103	110	116	123	130	137
74	14	18	20	24	27	34	41	47	54	61	68	74	81	88	95	101	108	115	122	128	135
75	13	17	20	24	27	33	40	47	53	60	67	73	80	87	93	100	107	113	120	127	133
7[illegible]	13	17	20	24	26	33	39	46	53	59	66	72	79	86	92	99	105	112	118	125	132
77	13	17	19	23	26	32	39	45	52	58	65	71	78	84	91	97	104	110	117	123	130
78	13	17	19	23	26	32	38	45	51	58	64	71	77	83	90	96	103	109	115	122	128
79	13	16	19	23	25	32	38	44	51	57	63	70	76	82	89	95	101	108	114	120	127
80	13	16	19	23	25	31	38	44	50	56	63	69	75	81	88	94	100	106	113	119	125
81	12	16	19	22	25	31	37	43	49	56	62	68	74	80	86	93	99	105	111	117	123
82	12	16	18	22	24	30	37	43	49	55	61	67	73	79	85	91	98	104	110	116	122
83	12	16	18	22	24	30	36	42	48	54	60	66	72	78	84	90	96	102	108	114	120
84	12	15	18	21	24	30	36	42	48	54	60	65	71	77	83	89	95	101	107	113	119
85	12	15	18	21	24	29	35	41	47	53	59	65	71	76	82	88	94	100	106	112	118
86	12	15	17	21	23	29	35	41	47	52	58	64	70	76	81	87	93	99	105	111	116
87	11	15	17	21	23	29	34	40	46	52	57	63	69	75	80	86	92	98	103	109	115
88	11	15	17	20	23	28	34	40	45	51	57	63	68	74	80	85	91	97	102	108	114
89	11	15	17	20	22	28	34	39	45	51	56	62	67	73	79	84	90	96	101	107	112
90	11	14	17	20	22	28	33	39	44	50	56	61	67	72	78	83	89	94	100	106	111
91	11	14	16	20	22	27	33	38	44	49	55	60	66	71	77	82	88	93	99	104	110
92	11	14	16	20	22	27	33	38	43	49	54	60	65	71	76	82	87	92	98	103	109
93	11	14	16	19	22	27	32	38	43	48	54	59	65	70	75	81	86	91	97	102	108
94	11	14	16	19	21	27	32	37	43	48	53	59	64	69	74	80	85	90	96	101	106
95	11	14	16	19	21	26	32	37	42	47	53	58	63	68	74	79	84	89	95	100	105
96	10	14	16	19	21	26	31	36	42	47	52	57	63	68	73	78	83	89	94	99	104
97	10	13	15	19	21	26	31	36	41	46	52	57	62	67	72	77	82	88	93	98	103
98	10	13	15	18	20	26	31	36	41	46	51	56	61	66	71	77	82	88	92	97	102
99	10	13	15	18	20	25	30	35	40	45	51	56	61	66	71	76	81	86	91	96	101
100	10	13	15	18	20	25	30	35	40	45	50	55	60	65	70	75	80	85	90	95	100

MÉTHODE DE VÉRIFICATION DES ÉTATS DE PRODUITS N° 55.

COL. 7. ALCOOL pur.	COL. 11. VALEURS.	COL. 12. 10 pour o/o	COL. 13. CONSOM^{on} 34 fr.	COL. 14. TOTAL.	COL. 15. DÉDUCION de ? p.o/o	COL. 16. NET.	COL. 17. DÉCIME.	COL. 18. TOTAL général.
1 201	3740 11	374 02	40 84	414 86	12 44	402 42	40 25	442 67
2 112	2117 22	211 73	71 81	283 54	8 50	275 04	27 51	302 55
2 083	1245 75	124 58	70 83	195 41	5 86	189 55	18 96	208 51
1 314	612 50	61 25	44 68	105 93	3 17	102 76	10 28	113 14
1 416	583 14	58 32	48 15	106 47	3 19	103 28	10 33	113 81
8 126	8298 72	829 90	276 31	1106 21	33 16	1073 05	107 33	1180 38

10 P. o/o — COLONNE 12.

Considérer les sommes de la colon. 11 non terminées par un zéro comme autant de dizaines sur leur total, faire déduction du montant de l'addit.on des unités de centimes, ajouter le reste au total de la colonne 11, puis retrancher le zéro du résultat.

EXEMPLES.

Sommes de la colonne 11, non terminées par un zéro. . . .4...40 déduire le montant de l'addit.on des cent.es......12

reste..... 28 total de la col. 11. 8298 72

Total égal .. 8299 00

DROIT de consommation

Multiplier le total de la colon. 10 par 34, ajouter au résultat pour chaque quantité d'alcool de la colonne 10, les fractons de centimes forcées dans l'application du tarif, qui sont indiquées par la table des forcemens, et retrancher le zéro qui doit terminer l'addition.

EXEMPLES.

8 h. 126 multipliés par 34...2762 84 ajouter p. 1 decilitre . . 6 2 id . . . . 2 3 id . . . . 8 4 id . . . . 4 6 id . . . . 6 Total. 276 310 égal à cel. col. 13.

TABLE DES FORCEMENS de centimes sur le droit de consommation.

décilitres d'alcool pur.	fractions de centimes.
1 ou 6	6/10
2 ou 7	2/10
3 ou 8	8/10
4 ou 9	4/10
5 ou 10	0/0
10 30	20/10

3 P. o/o — COLONNE 15.

Déduire du total col. 14, le produit de l'addition des centimes, multiplier le reste par 3, ajouter au résultat les 3/100 donnés par les centimes de la colonne 14.

Les 3 p. o/o sont pour chaque somme, de 1 à 34, de 34 à 67 et de 67 à 99.

de 34 à 67....1 de 67 à 99....2

OPÉRATION.

Total colonne 14 1106 21 déduire le total des centimes . 3 21

Reste 1103 00 qui multipliés par . 3

donnent. 3309 ajouter p. deux sommes de 67 à 99. . . . . 4 pour 3 de 34 à 66.. 3

Total col. 15.. 33 16

PROCÈS - VERBAUX.

Sans répression pas d'impôts, pas de loi sans sanction; mais la loi change comme les circonstances, et la forme du gouvernement indique la nature de l'impôt, et réciproquement. C'est ainsi que les aides sont l'image assez fidèle de l'ancien régime; les droits réunis de l'empire; les contributions indirectes, du gouvernement représentatif. Arrivé là, l'impôt se modifie, se régularise et se modère.

L'intégrité de l'impôt, voilà le but; la fermeté réunie à la modération, voilà le moyen.

L'équité doit être le contrepoids de cet axiome de droit: tout ce que la loi ne défend pas est permis. La fraude ne se présume pas. Dans le doute s'abstenir. Ne pas confondre la fraude avec la contravention, la bonne foi avec l'ignorance. Complément du procès-verbal, le rapport du chef de service doit être consciencieux.

Le style d'un procès-verbal doit être clair, précis, rapide, et l'écriture lisible. Pour le fond, consulter le manuel du contentieux; pour la forme, le manuel de Girard, où elle est suffisamment développée. Cet ouvrage, qui a rendu de grands services à l'administration, doit être entre les mains de tous les employés.

On se borne ici aux observations principales, et aux modèles indispensables dans l'exercice au loin.

1o Les procès-verbaux doivent être affirmés devant le juge de paix, ou son suppléant, du canton où la contravention a été constatée, au moins par deux saisissants, dans les trois jours de la clôture, et enregistrés dans les quatre jours. Pour le refus d'exercice, visa du maire dans les vingt-quatre heures.

2o Mentionner les surcharges et altérations des expéditions, ou les différences entre les chargements et les expéditions.

3o Les parapher NE VARIETUR, sommer le prévenu ou le délinquant de les parapher aussi, et consigner sa réponse.

4o Si l'on prend des échantillons, mettre en marge du P. V. l'empreinte des cachets [de la régie et du contrevenant].

5o Approuver les mots rayés, et parapher les renvois.

6o En cas de fraude aux droits d'entrée et d'octroi, il peut arriver qu'il y ait deux affirmations; l'une après vingt-quatre heures pour l'octroi, l'autre le troisième jour pour la régie.

7o On n'est point tenu à donner lecture du P. V. lorsqu'il est notifié ou affiché. Autant que possible rédiger sur les lieux mêmes.

8o L'affiche ou la notification est faite dans les vingt-quatre heures. On affiche à la porte de la mairie; l'autorité vise l'original.

9o Le réquisitoire doit être transcrit en tête du P. V. ainsi que l'autorisation du directeur. Cette autorisation exhibée à l'autorité et au contrevenant, est inutile lorsque l'un des saisissants a le grade de contrôleur.

10o Si le P. V. est rédigé sur les lieux mêmes ou au bureau de la régie, en présence ou en l'absence du commissaire de police et du prévenu, on l'exprime en faisant les distinctions convenables.

11o CLÔTURE. Il est essentiel de remarquer que rien ne doit figurer après que le mot CLOS est écrit, car il dit tout. Elle se fait ainsi: Clos le présent procès-verbal audit lieu, les sus dits jour, mois et an, à.....heure, et remis copie au sieur.....[contrevenant], anisi qu'au sieur.....[gardien ou caution], qui a ou qui n'ont pas signé avec nous.

NOTA: La caution doit toujours signer.

LISTE DES CAS DONT L'OMISSION REND UN P. V. NUL.

1o La date du protocole est celle où l'on commence la rédaction du P. V.; elle ne dispense pas d'énoncer le commencement de l'opération ni le moment de la clôture.

2º Les noms, qualités et demeure du préposé chargé des poursuites, et l'élection de domicile, lorsqu'il ne réside pas dans l'arrondissement où s'opère la saisie.

3º Même observation en ce qui concerne les saisissants.

4º Cause de la saisie.

5º Déclaration de saisie ou de procès-verbal.

6º Espèce, poids ou mesure des objets saisis.

7º La présence du prévenu à leur description, ou la sommation qui lui aura été faite d'y assister.

8º L'offre de la main-levée sous caution solvable ou consignation de la valeur des moyens de transport dont la confiscation n'est point prononcée par la loi, c'est-à-dire, de ceux dont la saisie n'est autorisée que pour garantie de l'amende.

9º Le nom et la qualité du gardien lorsqu'il y a saisie réelle [c'est-à-dire, lorsqu'il n'a point été donné main-levée de la saisie].

10º L'évaluation des objets.

11º Le lieu de la rédaction du procès-verbal.

12º La lecture donnée au prévenu lorsqu'il est présent à la rédaction; la sommation de le signer, et sa réponse.

13º La remise de la copie du P. V. dans le cas ci-dessus, et, en cas d'absence, la réserve d'afficher ou notifier cette copie dans le délai prescrit.

14º Enfin l'heure de la clôture. On ne saurait trop répéter que ce mot termine tout.

TITRE DES PROCÈS-VERBAUX.

L'an mil huit..........le.........à.........heures du.........à la requête de M. le Conseiller d'état, Directeur de l'Administration des Contributions indirectes, dont les bureaux sont établis à Paris, rue de Rivoli, Hôtel des Finances; [A] poursuite et diligence de M....Directeur desdites contributions pour le département de.........demeurant à.....rue.....no...[B] lequel fait élection de domicile pour la suite du présent, chez M.....Directeur pour l'arrondissement d.....demeurant audit lieu, rue..... no:...

Nous soussignés.....employés des Contributions indirectes à la résidence de..... y demeurant, ayant serment en justice et porteurs de nos commissions, certifions que, etc.

FINALES DES PROCÈS-VERBAUX.

SI LES OBJETS SONT LAISSÉS À LA DISPOSITION DU CONTREVENANT, on l'exprime ainsi : «Et que nous avons laissés à sa charge et garde, vu sa solvabilité et la promesse qu'il nous a faite de représenter le tout ou sa valeur à toute réquisition légale.

S'IL Y A CAUTION: « Lui ayant offert main-levée sous caution solvable des objets estimés ci-dessus. Le sieur.....nous a présenté pour caution, M.....demeurant à..... lequel, après avoir pris connaissance du procès-verbal et reconnu les objets saisis, s'est rendu garant et caution solidaire dudit sieur, tant pour les objets que pour les amendes et les dépens. Nous avons en conséquence laissé audit sieur la libre disposition des objets [on rédige le procès-verbal en présence du contrevenant et de la caution; celle-ci doit toujours signer. On donne copie de l'original à chacun].

[A] Si la saisie est commune à l'octroi on ajoutera: « Et de M. le maire de la commune de....., y demeurant, rue....., » et on cite, après la déclaration de la saisie, l'article du règlement de l'octroi, ou simplement ce règlement.

[B] Si le P. V. est rédigé dans l'arrondissement du chef-lieu, il faut mettre: « Où il fait élection de domicile pour la suite du présent.

S'IL Y A CONSIGNATION: « Lui ayant offert main-levée moyennant caution solvable ou la consignation, 1o de la somme de. . . . .montant de l'évaluation de [les objets saisis], 2o de la somme de. . . . .montant de l'évaluation de [moyens de transport].

Cette dernière somme applicable à la sûreté de l'amende; et le sieur. . . . .ayant aussitôt déposé la somme de. . . . .entre les mains du sieur. . . . .receveur, qui le reconnaît; nous lui avons accordé la libre disposition de [les objets], ainsi que de [les moyens de transport].

A DÉFAUT DE CAUTION, DE CONSIGNATION OU DE SOLVABILITÉ CONNUE: [comme ci-dessus] et ajouter: « Nous ayant répondu qu'il ne pouvait ni consigner ladite somme, ni fournir aucune caution, nous lui avons déclaré que [les objets saisis pour sûreté de l'amende, cheval, voiture, etc.], allaient être mis en fourrière chez le sieur. . . . .aubergiste, qui en sera constitué gardien, et nous l'avons en outre prévenu qu'à défaut d'avoir satisfait aux causes de la présente saisie dans le délai de huit jours, fixé par l'article 39 du décret du 18 juin 1811, ou d'avoir déposé de huitaine en huitaine, les frais de nourriture à raison de. . . . .par jour, la vente du cheval sera poursuivie conformément à l'article 40 du même décret; nous avons déclaré de plus au contrevenant, que nous allions faire transporter les boissons sus-énoncées chez M. . . . .buraliste à. . . . .pour y être déposées jusqu'à ce qu'il en soit ordonné autrement, le sommant de nous accompagner pour assister au dépôt ainsi qu'à la rédaction du P.V. que nous allions dresser, en entendre lecture, signer l'acte, et en recevoir copie, ce qu'il a accepté. De suite lesdits futs de. . . . .ayant été conduits par le même voiturier, chez ledit sieur. . . . .nous les avons confiés à sa garde, lequel, après avoir reconnu l'identité de la boisson, le jaugeage et l'estimation précédemment faits, s'en est rendu gardien et dépositaire aux peines de droit. Sommé le délinquant de coter et parapher NE VARIETUR, les expéditions sus mentionnées qui seront annexées au présent [a accepté ou refusé]. De tout quoi nous avons dressé le présent P. V., à. . . . .au domicile du sieur. . . . .en présence dudit. . . . .et du délinquant: leur en ayant donné lecture avec sommation de le signer, ils ont promis de le faire. Clos ledit procès-verbal lesdits jour, mois et an que dessus, à. . . .heure de. . . .du quel nous leur avons remis copie à chacun séparément et avons signé.

ACTE DE MISE EN FOURRIÈRE.

Et de suite, lesdits jour et an, à. . . . . .midi, nous soussignés [au moins deux des employés rédacteurs] dénommés et qualifiés dans le P. V. ci-dessus, à la requête que dit est, avons conduit [accompagné ou en l'absence du sieur. . . . .] les. . . . .saisis et retenus, comme il est expliqué au P. V., chez le sieur. . . . .aubergiste à. . . . .et parlant à. . . . , nous lui avons déclaré que nous laissions à sa charge et garde lesdits. . . . évalués de concert avec lui, à. . . . . .; à quoi il a consenti, s'en chargeant, comme dépositaire de justice, avec promesse de les loger, nourrir et entretenir selon l'usage, et ce, moyennant la somme de. . . . .pour chaque jour, prix ordinaire et débattu entre nous; il a promis en outre de ne livrer lesdits. . . . .qu'à notre réquisition ou consentement, ou sur l'ordre de M. le Directeur, à. . . . .ou en vertu de jugement. En foi de quoi nous avons signé après lecture avec ledit. . . . .auquel nous avons remis un double du présent. [cet acte doit être rédigé sur papier timbré lorsqu'il ne fait pas partie du procès-verbal].

RÉQUISITOIRE.

Nous soussignés. . . . ., employés des contributions indirectes, à la résidence de . . . en vertu de l'article 237 de la loi du 28 avril 1816, requérons M. . . . . ., commissaire de police, le maire, son adjoint ou le juge-de-paix, de nous assister dans la visite que nous nous proposons de faire chez M. . . . . ., d'après l'ordre qui nous en a été donné par M. . . . . . ., directeur, et que nous avons exhibé.

RÉQUISITION AUX AUTORITÉS CIVILES OU MILITAIRES OU A LA FORCE PUBLIQUE.

Nous soussignés. . . . ., employés des contributions indirectes, à la résidence de . . . ., réquérons M. [les autorités civiles désignées sous le no précédent pour refus d'exercice], [le commandant de place ou le chef d'un poste militaire pour prêter main-forte] en vertu de l'article 245 de la loi du 28 avril 1816, de nous prêter aide et assistance pour l'exercice de nos fonctions.

Fait à............, le..........

ACTE DE TRANSPORT POUR OPÉRER LE DÉPÔT DES OBJETS SAISIS.

Dans les cas ordinaires, le dépôt est fait dans le corps du P. V. Si les objets étaient prohibés ou si le contrevenant était insolvable, on ferait un acte de transport distinct, et dans ce cas on aurait recours au manuel de Girard.

ACTE DE NOTIFICATION.

L'an mil huit cent........le........à.....heures d......, nous......... dénommés et qualifiés au P. V. ci-dessus, même requête, nous étant transportés au domicile dudit......, situé à......, rue....., no.., et parlant à....., nous lui avons signifié le susdit P. V., et lui en avons laissé copie ainsi que du présent, et avons signé.

ACTE D'AFFICHE.

L'an mil hui cent......le........à....heures de......, nous.......... dénommés et qualifiés au P. V. ci-dessus: au requis que dit est, certifions qu'attendu l'absence du sieur....., que nous avons vainement cherché pour lui délivrer copie dudit P. V., nous nous sommes transportés à la porte de la mairie de.....où étant, nous avons affiché copie dudit P. V. et du présent exploit; et nous avons signé.

ACTE D'AFFIRMATION.

Pardevant nous juge-de-paix du canton de.....[ou le suppléant], le procès-verbal ci-dessus a été affirmé sincère et véritable par les employés soussignés, y dénommés, après qu'il leur en a été donné lecture.

A............, le..........

MODÈLE DE PROCURATION.

Je soussigné [noms et grade de l'employé], à la résidence de....., arrondissement de......, donne pouvoir à M.....de pour moi et en mon nom, recevoir les sommes et émoluments de toute espèce attribués à mon emploi, qui peuvent ou pourront m'être dûs par la régie des contributions indirectes, et de donner les quittances et émargements nécessaires, promettant d'avoir pour bon et agréable ce qui sera fait par mon procureur fondé sus nommé.

Fait à..........., le...........

TABLEAUX DES CONTRAVENTIONS.

1er TABLEAU. — CIRCULATION.

1 { Enlèvement sans expédition (art. 1er et 6, loi du 28 avril 1816), s. c. a. Saisie des moyens de transport pour sûreté de l'amende à défaut de caution solvable; on doit offrir main-levée sous peine de nullité; pour l'hydromel citer en outre l'art. 85, même loi. Les voyageurs peuvent transporter 3 bouteilles sans expédition excepté pour les spiritueux.

2 { Défaut d'identité (art. 10, même loi), s. c. a. Une seule expédition pour plusieurs voitures. — Ne saisir que les vaisseaux excédans. — Saisir la totalité si l'excédant provient des contenances. — prendre un échantillon si l'identité constatée porte sur la qualité ou l'espèce des boissons.

3. Fausse destination (art. 10 et 13, même loi), s. c. a.
On ne peut pas saisir un chargement qui ne suit pas la ligne la plus directe, tant que le délai n'est pas expiré. L'aveu fait par un voiturier qu'il conduit des boissons à une destination autre que celle mentionnée en l'expédition, suffit pour établir la contravention. — Si le destinataire lui-même déclare n'avoir pas acheté de boissons et ne pas attendre celle mentionnée en l'expédition, celle-ci est inapplicable; il y a lieu à saisir.

4. Délai expiré (art. 13, même loi), s. c. a.
Le délai ne peut être anticipé ni retardé.

5. Déchargement sans déclaration préalable ailleurs que chez le destinataire (art. 10, 13 et 14 id.), s. c. a. à moins qu'il n'y ait péril pour les boissons.

6. Séjour en route pendant plus de 24 heures (art. 14 id.), s. c. a.
Il est présumable que le voiturier averti se mettra en règle.

7. Refus de représenter les boissons en transit (art. 14 id.), s. c. a.
L'administration seule peut autoriser les mixtions et les coupages chez les transitaires.

8. Refus de représenter les expéditions (art. 17 id.), s. a.
Saisie des boissons et des moyens de transport pour sûreté de l'amende; suivre le chargement jusqu'au plus prochain bureau, et là la verbaliser selon la circonstance de la contravention. Règle générale, les expéditions doivent toujours accompagner le chargement. La déclaration du conducteur qu'il n'a pas d'expédition le constitue en contravention.

9. Refus de laisser faire la vérification des boissons (art. 17 id.), s. a. même observation.

2e Tableau. — ENTRÉE, TAXE UNIQUE.

1. Introduction sans déclaration et paiement des droits (art. 24, loi du 28 avril 1816) s. c. a.
Saisie des moyens de transport pour sûreté de l'amende.

2. Déchargement ou introduction à domicile sans déclaration (art. 25, id.) s. c. a.

3. Fausse déclaration des objets soumis aux droits (art. 24 et 25, id.) s. c. a.
Pour les fruits en vendange on ne saisit que l'excédant reconnu; s'il s'agit de boissons on saisit en vertu de l'art. 10, celles qui ne sont pas identiques avec l'expédition (voir 1er tableau, art. 2).

4. Introduction avant ou après les heures permises (art. 26, id.) s. c. a.

Janvier, février, novemb. et décemb.,		7 h.	mêmes mois.		6 h.
Mars, avril, septembre et octobre,	avant	6 h. mat.	id.	après	7 h. s.
Mai, juin, juillet et août,		5 h.	id.		8 h.

5. Enlèvement chez un entrepositaire, sans acquit du droit (art. 37, id. et 38, 21 avril 1832) s. c. a.

6. Opposition à la visite et à la vérification des chargemens à l'entrée (art. 24 et 25, loi du 28 avril 1816) a.

7. Présentation à la sortie d'objets d'une nature différente de ceux entrés en passe-debout, en transit ou en entrepôt, ou en quantité infér. à celle déclarée (même art.) s. fictive.
Confiscation des objets saisis. — Prendre des échantillons en cas de contestation.

8. Fabrication de boissons sans déclaration, dans l'intérieur d'un lieu sujet, avec des matières non inventoriées (art. 24, même loi) s. c. a. et art. 20 id.

9. Recélé de boissons somises à l'inventaire, ou fausse déclaration par un propriétaire récoltant (art. 24 et 25, id.) s. c. a.
Les piquettes faites avec de l'eau sont exemptes du droit; celles de marcs gras de raisins et de fruits concassés, peuvent être soumises à l'inventaire. Dans les contrevisites on peut saisir toutes les boissons excédantes trouvées dans le domicile.

10. Excédant de boissons chez un récoltant (art. 40, même loi) s. c. a.
On peut se dispenser de verbaliser en prenant en charge et faisant acquitter le droit de circulation.

11 { Refus de souffrir l'inventaire (même art.) ▲.
Après avoir constaté l'opposition, il convient de faire l'inventaire en présence d'un commissaire de police.

12 Refus de souffrir le recensement avant la récolte. (art. 41 id.) ▲.

3ᵉ TABLEAU. — DÉBITANTS DE BOISSONS.

1 { Vente en détail sans déclaration (art. 50 et 144 du 28 avril 1816) s. c. ▲.
On peut accorder main-levée moyennant 1000 francs. — Les débitants qui ne vendent que de la bière, doivent la licence, et sont soumis aux exercices.

2 Vente pendant les trois mois qui suivent la déclaration de cesser (art. 67 id.) s. c. ▲.

3 { Vente en détail par un débitant exercé ou abonné, d'une espèce de boisson dont il a déclaré ne pas vouloir opérer la vente (même art.) s. c. ▲.
Ces déclarations restrictives sont rares; les boissons réservées, prises en charge pour mémoire, ne sont reçues qu'avec des congés.

4 Défaut d'enseigne ou bouchon (art. 50 id.) ▲.

5 Refus de retirer les bouchons après déclaration de cesser (art. 67 id.) ▲.

6 { Fausse déclaration des boissons appartenant aux débitants (art. 50 id.) s. c. ▲.
S'il existe une différence au moment de l'inventaire, on se borne à la prendre en charge lorsqu'elle est en évidence. — Le débitant n'est point tenu de rendre compte de l'origine des boissons qu'il déclare. —On n'exige que la déclaration des boissons situées dans la même commune ou dans les parties des communes voisines à proximité des débits.

7 { Refus de déclarer le prix de vente, ou fausse déclaration (art. 48 id.) s. c. ▲.
Les débitants abonnés à l'hectolitre, sont dispensés de cette obligation : la déclaration, quelle qu'elle soit, doit être reçue, sauf preuve contraire. — Il n'y a aucun moyen légal de forcer le débitant à vendre au litre.

8 Augmentation des prix de vente sans déclaration (art. 48 id.) s. c. ▲.

9 Omission ou refus d'afficher le prix de vente (même art.) ▲.

10 { Refus de souffrir les visites ou exercices (art. 52 id.) ▲.
Les visites peuvent être faites pendant tout le temps que les débits sont ouverts au public. — Le droit de visite est illimité, il ne peut être paralysé par aucun obstacle, la présence d'un commissaire de police n'est point nécessaire pour toute espèce de recherches dans le domicile du débitant. —Lorsque les employés éprouvent des injures ou des voies de fait, il est de leur devoir de se retirer et de constater les empêchements apportés à leur exercices.

11 Refus de laisser jauger, déguster et reconnaître les boissons (art. 53 id.) ▲.

12 Refus d'ouvrir les caves, celliers et autres parties de leur maison (art. 56 id.) ▲.

13 { Refus de souffrir les visites et exercices pendant les trois mois qui suivent la déclaration de cesser (art. 67 id.) ▲.

14 { Refus de sceller les communications intérieures (art. 61 id.) ▲.
S'il est impossible d'interdire les communications intérieures, le voisin d'un débitant doit être soumis à l'exercice sur l'autorisation du préfet, qu'on doit exhiber.

15 { Refus par le voisin d'un débitant, de souffrir les exercices lorsqu'il y a été légalement soumis (art. 63 id.) ▲.

16 { Introduction de boissons sans expédition ou avec des expéd. inapplicab. (art. 53 id.) s.c.▲.
On ne peut saisir les boissons fabriquées par le débitant, à moins de preuves contraires. — L'exhibition tardive ne peut justifier la contravention.

17 { Défaut de représenter les expéditions pour les boissons introduites, même pendant les trois mois qui suivent la déclaration de cesser (art. 53 id.) s. c. ▲.

18 Défaut de représenter les quittances d'entrée (même art.) s. c. ▲.

19 { Recélé de boissons par le débitant (art. 61 id.) s. c. A.
La clef d'un local trouvé chez le débitant établit la présomption que les boissons découvertes lui appartiennent.

20 { Recélé chez un particulier, de boissons appartenant à un débitant sans bail authentique (même art.) s. c. A.
Le bail n'est authentique qu'autant qu'il est enregistré; il n'est pas valable après le délai pour lequel il est fait.

21 { Vaisseaux inférieurs à l'hectolitre (art. 58 id.) s. c A.
Autorisation légitime de l'existence de ces vaisseaux. — Peuvent recevoir vingt-cinq bouteilles en caisse.

22 { Opposition au cachetage des bouteilles (même art.) A.
Ils doivent fournir la cire et le feu. — Le refus peut être aussi considéré comme refus d'exercice.

23 { Mise en vente de plus de trois pièces de chaque espèce de boisson (même art.) A.
On doit entendre par le mot espèce de boissons de même nature, vins, cidres, spiritueux et hydromel.

24 { Vaisseaux supérieurs à cinq hectolitres (même art.) s. c. A.
Sont exceptés de cette disposition les débitants de cru.

25 { Remplissage hors la présence des employés (art. 59 id.) s. c. A.
Si le remplissage a lieu sur une pièce en vente, cette pièce est saisie dans l'état où elle se trouve; on tire en produit le manquant reconnu au dernier exercice, et dans ce cas on reprend la pièce en charge en vertu du procès-verbal; mais si l'on surprend le débitant au moment où il achève un remplissage sur une pièce reconnue pleine au dernier exercice et trouvée encore pleine au moyen de ce remplissage, c'est la pièce entière qu'il faut saisir. — Une mixtion et une transvasion hors la présence des employés, sont une contravention.

26 { Substitution d'eau ou de tout autre liquide (même art.) A.
La substitution de bouteilles vides à des bouteilles pleines, n'est point une contravention, on se borne à tirer le manquant en produit. — La substitution d'eau donne lieu à l'amende seulement, la pièce doit être tirée en produit.

27 Enlèvement sans démarque (art. 59 id.) A.

28 { Enlèvement de pièces pleines sans démarque (art. 57 id.) A.
La vente en gros ne justifie pas la contravention.

29 { Râpés prohibés et remplissage sur les râpés autorisés (art. 60 id.) s. c. A.
Le débitant ne peut avoir qu'un seul râpé de trois hecto au plus, s'il a au moins trente hecto de vin. — Les boissons faites uniquement avec des fruits autres que des pommes ou poires ou du raisin foulé, ne sont pas soumis au droit.

30 { Vente en détail sans autorisation par un bouilleur, pendant la durée de la distillation (art. 69 id.) s. c. A.

31 { Vente en détail par des personnes comprises dans la répartition en cas d'abonnement par corruption (art. 80 id.) s. c. A.
A moins que les débitants ou leurs syndics n'aient concédé ce droit. La contravention se constate à la requête des syndics.

32 { Vente par un débitant de cru de boissons autres que celles déclarées (art. 85 id.) s.c.A.
Ne peuvent fournir aux buveurs, que les boissons avec des bancs et tables. — N'ont pas droit à la remise de 25 pour o/o sur les eaux-de-vie, lors même qu'elles proviendraient de leur récolte. — Sont soumis aux mêmes obligations que les autres débitants; mais on ne peut visiter l'intérieur de leur domicile lorsqu'il est séparé du lieu du débit.

4e TABLEAU. — MARCHANDS EN GROS.

1 { Établissement sans déclaration (art. 97 et 144, loi du 28 avril 1816) s. c. A.
Peuvent obtenir main-levée en consignant 2,000 francs indépendamment de l'amende. — Ne sont point considérés comme marchands en gros les particuliers recevant accidentellement des boissons qu'ils partagent, ni les propriétaires récoltants qui achètent du vin pour leur consommation.

2 { Continuation du commerce après déclaration de cesser (art. 127 id.) s. c. ʌ.
Ne peuvent cesser tant qu'il leur reste des boissons en quantité supérieure à leur consommation, il n'y a aucune règle fixe à cet égard.

3 { Vente habituelle de boissons en détail (art. 102 id.) s. c. ʌ.
Peuvent faire des ventes inférieures à l'hecto en acquittant les droits. — La circulaire nº 75 détruit cet art. 102.

4 { Fausse déclaration des quantités au moment de l'établissement (art. 97 id.) s. c. ʌ.
Les vinaigriers qui dénaturent les vins avant l'introduction, ou qui acquittent le droit de circulation, rentrent dans la classe des simples particuliers.

5 { Introduction sans expédition ou avec des expéditions inapplicables, ou refus de représenter les expéditions (art. 101 id.) s. c. ʌ.
Le creux reconnu d'après l'usage du commerce, doit être déduit des charges. — Les mélanges et coupages ne peuvent se faire qu'avec des boissons de même nature et espèce; le mélange d'eau ne peut avoir lieu qu'avec des spiritueux, cependant dans la pratique on peut s'écarter de cette règle (note particulière).

6 { Refus d'exercice (art. 108 id.) ʌ.
On ne peut faire de visites dans l'intérieur des bâtiments qu'avec un commissaire de police. — On ne peut exercer les boissons destinées à la consommation, pourvu qu'elles soient dans un lieu séparé. — Ne peuvent s'opposer aux recensements intermédiaires.

5ᵉ Tableau. — LIQUORISTES.

1 { Établissement, sans déclaration, d'un simple particulier comme liquoriste débitant (art. 5 et 144, loi du 28 avril 1816 et 24 juin 1824) s. c. ʌ.
La contravention ne peut être constatée que par suite de vente de liqueurs; si la quantité est inférieure à 25 litres, le contrevenant est considéré comme débitant, et comme marchand en gros si elle est supérieure.

2 Fabrication par un débitant sans déclaration (art. 1ᵉʳ, loi du 24 juin 1824) s. c. ʌ.

3 { Exercice par un simple particulier de la profession de liquoriste marchand en gros, sans déclaration (art. 97 et 144, loi du 28 avril 1816 et 1ᵉʳ du 24 juin 1824) s.c.ʌ.
Voir la note ci-dessus. — Sont soumis aux visites intermédiaires, mais le décompte ne doit s'arrêter définitivement qu'en fin d'exercice comme ceux des marchands en gros ordinaires. — Les manquants ordinaires sont frappés du droit immédiatement.

4 { Fabrication de liqueurs par un marchand en gros sans déclaration (art. 1ᵉʳ, loi du 24 juin 1824) s. c. ʌ.

5 { Dépôt de vins, cidres poirés dans les ateliers de la fabrique d'un liquoriste marchand en gros (art. 5 id.) s. c. ʌ.
Il y a lieu à saisie si ces boissons ne sont pas accompagnées d'expéditions.

6 { Envoi de liqueurs sans expédition (même art.) s. c. ʌ.
On ne peut constater cette contravention qu'autant que la liqueur serait enlevée sans expédition; dans ces cas elle serait saisie en vertu de l'art. 10 de la loi du 28 avril 1816, autrement on tire en produit comme manquant.

7 Enlèvement en vaisseaux inférieurs à l'hecto (art. 9 id.) s. c. ʌ., même observation.

8 { Refus de fournir l'eau et les ouvriers pour reconnaître la contenance des vaisseaux (art. 6) ʌ.

9 Usage des vaisseaux dont la contenance n'a pas été vérifiée (même loi) ʌ.

DROIT DE CONSOMMATION.

10 { Altération de la densité des spiritueux (art. 4, loi du 24 juin 1824) s. c. ʌ.
En cas de contestation prendre des échantillons.

6ᵉ TABLEAU. — BRASSERIES.

1. Exploitation sans déclaratoin préalable et sans licence (art. 117 et 144 du 28 avril 1816) s. c. A.
Les particuliers qui ne brassent que pour leur consommation ne sont pas tenus à la licence.

2. Continuation après déclaration de cesser (art. 117 id.) s. c. A.

3. Fabrication dans un lieu autre que celui déclaré (même art.) s. c. A.

4. Usage des chaudières, cuves et bacs avant que leur contenance ait été reconnue (même art.) s. c. A.
Les hausses mobiles sont permises pourvu qu'elles ne dépassent pas un décimètre de hauteur, et qu'elles ne servent qu'au moment de l'ébullition. Toutes constructions solides doivent être comprises dans l'épalement.

5. Changements dans la contenance desdits ustensiles sans déclaration faite vingt-quatre heures d'avance (art. 118 id.) s. c. A.

6. Usage des ustensiles avant que la nouvelle contenance ait été reconnue (même art.) s. c. A.

7. Établissement d'autres chaudières, cuves et bacs, sans déclaration faite vingt-quatre heures d'avance (même art.) s. c. A.

8. Usage de ces ustensiles avant que leur contenance ait été reconnue (même art.) s. c. A.

9. Usage de chaudières d'une contenance inférieure à six hecto (art. 116 id.) s. c. A.
L'administration peut seule accorder l'autorisation au-dessous de six hectolitres.

10. Usage de chaudières qui ne sont pas fixées à demeure et maçonnées (même art.) s. c. A.

11. Suppression ou altération des numéros et marques apposés sur les ustensil. (art. 117 id.) A.

12. Usage de tonneaux non revêtus de la marque du brasseur (art. 124 id.) A.

13. Mise de feu sans déclaration pour un objet autre que pour fabrication de bière (art. 119 id.) A.

14. Mise de feu sans déclaration (art. 120 id.) s. c. A.
La déclaration doit être faite vingt-quatre heures d'avance.

15. Mise de feu avant l'heure indiquée (même art.) s. c. A.

16. Mise de feu sous une chaudière autre que celle déclarée (même art.) s. c. A.
On peut se servir avec autorisation des chaudières pour chauffer les eaux. Le feu sera éteint et la chaudière vide aussitôt que l'eau destinée à la dernière trempe aura été retirée.

17. Défaut de représenter l'ampliation de la déclaration pendant la durée de la fabrication (même art.) s. c. A.

18. Fabrication de bière d'une qualité différente de celle déclarée (même art.) s. c. A.

19. id. avec la même drèche, d'un plus grand nombre de brassins que ceux déclarés (même art.) s. c. A.

20. Fabrication de plusieurs espèces de bière avec le même brassin (art. 113 id.) s. c. A.

21. id. d'une petite bière exempte du droit, sans déclaration (art. 120 id.) s. c. A.

22. Décharge partielle des chaudières pendant la fabrication (même art.) s. c. A.
Il y a décharge partielle et par conséquent contravention lorsqu'on trouve dans la brasserie une quantité de bière qui ne provient pas d'une fabrication antérieure.

23. Entonnement pendant la nuit (art. 112 id.) s. c. A.
Voir pour l'heure des entonnemens la note du n° 4, deuxième tableau.

24. Entonnement à une heure autre que celle indiquée par la déclaration (art. 120 id.) s. c. A.
Le changement apporté dans l'heure de l'entonnement doit être le sujet d'une déclaration.

25. Excédant de plus du vingtième de la contenance de la chaudière (art. 119 id.) s. A. c.
La régie règle l'emploi de l'excédant de manière à ce qu'il n'en puisse résulter aucun abus.

26
- Produit de fabrication excédant la contenance de la chaudière (art. 111 id.) s. c. a.
- Si l'excédant excède le dixième de la contenance brute, il faut supposer la fabrication d'un brassin non déclaré sur lequel le droit doit être perçu. Il n'y a pas lieu de saisir des excédants sur la contenance nette, on se borne à les soumettre au droit s'ils dépassent le dixième de cette contenance.

27
- Recelé de bière par un brasseur (art. 125 id.) s. c. a.

28
- Refus de laisser vérifier le produit de fabrication (art. 111 id.) a.

29
- Refus d'exercice (art. 125 id.) a.
- Les brasseurs sont tenus de représenter à toute réquisition les bières en leur possession. L'exercice peut être fait à toute heure si l'établissement est en activité. Les visites sont interdites dans les maisons non contiguës. — La présence d'un commissaire de police n'est nécessaire pour aucune des opérations.

30
- Refus de faire sceller toute communication avec les maisons voisines (même art.). a.

31
- Défaut d'enseigne devant une brasserie (art. 124 id.) a.

32
- Exploitation d'une brasserie ambulante sans autorisation de la régie (art. 116 id.) s. c. a.

33
- Augmentation des moyens de fabrication par un brasseur abonné (art. 133 id.) s. c. a.

34
- Mise de feu par un brasseur abonné sans l'avoir inscrite sur son registre (art. 135 id.) s. c. a.
- Dans les villes au-dessus de 30,000 âmes, les brasseurs peuvent être abonnés; ils sont dispensés de la déclaration de mises de feu, mais ils doivent les inscrire sur un registre authentique.

35
- Refus de fournir les moyens de vérifier la contenance des vaisseaux (art. 117 id.) a.

7ᵉ Tableau. — DISTILLATEURS.

Distillateurs de profession.

1
- Exploitation d'une distillerie sans déclaration (art. 138, 139 et 144, 28 avril 1816) s. c. a.
- Les distilleries sont prohibées dans Paris.

2
- Usage des vaisseaux avant que leur contenance ait été reconnue (art. 117 et 140 id.) s. c. a.
- Peuvent avoir des hausses mobiles (voyez n° 4, 6ᵉ tableau).

3
- Changement dans la contenance des vaisseaux sans déclaration faite vingt-quatre heures d'avance (art. 118 et 140 id.) s. c. a.

4
- Établissement de nouveaux vaisseaux sans déclaration (même art.) s. c. a.

5
- Mise de feu sans déclaration ou avant l'heure indiquée dans la décl.ᵒⁿ (art. 139 id.) s. c. a.
- La déclaration doit être faite au moins quatre heures d'avance dans les villes, et douze heures dans les campagnes.

6
- Prolongation du travail et du feu sous les chaudières au delà de la déclaration (art. 139 id.) s. c. a.

7
- Chargement des cuves de macération à une heure autre que celle indiquée (même art.) s. c. a.

8
- Emploi d'une plus grande quantité de farine que celle indiquée (même art.) s. c. a.

9
- Recelé d'eau-de-vie (art. 138 id.) s. c. a.
- On entend par recelé tous les excédants de fabrication.

10
- Défaut de représenter l'ampliation de la déclaration (même art.) a.

11
- Suppression ou altération des numéros et marques apposés sur les vaisseaux (art. 117 et 140 id.) a.

12
- Refus d'exercice (art. 125 et 140 id.) a.
- Voir le 2ᵉ tableau, 4ᵉ note. L'exercice peut être fait de nuit comme chez les brasseurs. Les principes posés dans les arrêtés relatifs aux brasseurs sont applicables aux bouilleurs et aux distillateurs.

Bouilleurs de profession.

13 { Distillation sans déclaration, de vins, cidres, poirés, marcs, lies, fruits ou mélasses (art. 138 et 141, loi du 28 avril 1816) s. c. A.
Les observations du n° 16, brasseurs, sont applicables aux bouilleurs de profession.

14 Introduction de vins, cidres et poirés sans expédition (même art. id.) s. c. A.

15 { Recélé d'eau-de-vie (art. 138 id.) s. c. A.
Sont tenus de déclarer approximativement la quantité et le dégré des eaux-de-vie qui doivent être fabriquées. Les Directeurs peuvent convenir avec eux d'une base d'évaluation pour la conversion des objets soumis à la distillation. Tout ce qui dépasse la base fixée doit être saisi. S'il n'y a pas de base, il y a recélé pour toute quantité soustraite à la prise en charge. Si l'excédant provient d'une introduction de boissons sans expédition, il faut opérer d'après le n° 5 du 4e tableau.

16 Prolongation du travail au delà du nombre de jours indiqués (art. 141 id.) A.

17 Mise en distillation d'une plus grande quantité de matière que celle décl. (art. 141 id.) A.

18 { Défaut de représenter l'ampliation (même art.) A.
Si la déclaration n'a pas été faite il faut appliquer le n° 13.

19 Refus d'exercice (art. 141 id.) A.

8e Tableau. — CARTES.

1 Importation de cartes à l'étranger (art. 5, décret du 13 fructidor an 13) c. A.

2 { Fabrication sans déclaration, sans licence et sans autorisation (art. 9, arrêté du 3 pluviose an 6, et 166, loi du 23 avril 1816) c. A.
La régie ne peut refuser la commission pour les chefs des départements et des arrondissements.

3 { Fabrication de cartes de fraude par un débitant autorisé dans un local non déclaré (art. 12, arrêté du 9 floréal an 6) c. A.
On tolère la fabrication en papier libre, de cartes d'étrennes, pourvu qu'elles n'aient pas plus de vingt lignes sur quinze.

4 { Fabrication de cartes à figures à portrait, sur un papier non filigrané (art. 1er, décret du 19 février 1810, s. c. A.

5 { Fabrication de cartes de points sur du papier non filigrané (art. 12 du 1er germinal an 13) s. c. A.

6 { Fabrication de cartes légales par un fabricant autorisé, dans un local autre que celui déclaré (art. 12, arrêté du 19 floréal an 6) s. c. A.

7 { Défaut de mettre une enveloppe sur chaque jeu, ou emploi de fausses enveloppes (art. 4, décret du 9 février 1810) s. c. A.
Ces enveloppes doivent indiquer les noms, demeures, enseignes et signatures en forme de griffe des fabricants qui ont dû en déposer une empreinte.

8 { Refus de classer les papiers-cartes destinés à la fabrication (art. 3, décret du 13 fructidor an 13) A.

9 Défaut de tenir un registre de vente (art. 10, arrêté du 3 pluviose an 6) A.

10 { Contrefaçon ou imitation des moules, timbres et marques ou l'emploi frauduleux de ces objets (art. 2, décret du 16 juin 1808) A.
Sans préjudice des autres peines portées au code pénal.

11 Dépôt ou recélé de moules faux ou contrefaits (art. 10, décret du 19 février 1810) s. c. A.

12 { Dépôt ou recélé de moules à figures chez un fabricant (art. 11, décret du 1er germinal an 13) s. c. A.

13 { Depôt ou recélé chez un particulier, de moules à imprimer les cartes (art. 16, arrêté du 19 floréal an 6) s. c. A.

14 { Fabrication de moules propres à imprimer les cartes à portraits français (art. 2, décret du 16 juin 1808) s. c. A.
S'il y a imitation des moules de la régie il faut opérer comme au n° 10. Dans le présent cas et ceux n°s 10, 11, 12 et 13, on doit mettre les moules saisis sous le cachet de la régie et celui de la partie.

15 { Défaut de déclaration par un graveur pour graver des moules de taraux et autres dont le format, la dimension, diffèrent des cartes usitées en France (art. 13, arrêté du 19 floréal an 6) s. c. A.
L'usage de moules à portraits étrangers étant conservé, il n'y a lieu à verbaliser que si le graveur n'a pas fait de déclaration.

16 { Transport ou circulation de cartes prohibées (art. 6, décret du 16 juin 1808) s. c. A.
Lorsqu'il s'agit de cartes recoupées ou réassorties, il faut citer en outre l'article 10 du décret du 16 juin 1898.

17 { Dépôt de cartes prohibées chez un assujetti (art. 12, arrêté du 3 pluviose an 6 et du 19 floréal suivant) s. c. A.
On ne peut saisir les cartes de fraude chez les débitants de boissons, que lorsqu'on en fait usage dans leur débit.

18 { Colportage, distribution ou vente sans autorisation (art. 166, loi du 28 avril 1816) c. A.
L'arrestation des contrevenants ne peut avoir lieu que pour la vente des cartes prohibées ; il n'y a que simple contravention pour la vente des cartes légales. Le simple transport de cartes de fausses fabriques, sans bandes, est une contravention à l'article 166 précité, bien qu'aucune vente ne soit prouvée.

19 { Usage de cartes prohibées dans les maisons où le public est admis (art. 167 id.) A. ç. emprisonnement.
Il y aurait lieu à saisir des cartes d'étrennes si elles étaient trouvées entre les mains des joueurs.

20 { Recoupe de cartes par les fabricants ou débitants ; vente en entrepôt de cartes recoupées ou réassorties, qu'elles soient sous bandes ou sans bandes (art. 10 du décret du 16 juin 1808) s. c. A.

21 { Vente par un débitant commissionné, de cartes à portraits français, autres que celles fabriquées avec les moules de la régie (art. 8, même décret. L'art. 2 du décret du 9 février 1810) s. c. A.
Les fabricants peuvent débiter, et sont soumis aux mêmes règles que les débitants ordinaires.

22 { Vente par un débitant commissionné, de cartes à portraits étrangers, dépourvues de la légende de France et du nom du fabricant (art. 4 du 16 juin 1808) s. c. A.

23 { Vente par un débitant de cartes quelconques, dépourvues de bandes de contrôle (art. 8, décret du 13 fructidor an 13) s. c. A.

24 { Vente de cartes sous bandes ou sans bandes, neuves ou ayant servi, par les commis des maisons de jeu, serviteurs, domestiques ou autres particuliers (art. 11, arrêté du 19 floréal an 6) s. c. A.
Les simples particuliers ne sont tenus à aucune justification pour les cartes qu'ils possèdent, à moins qu'il n'y eût un dépôt découvert par suite d'un débit clandestin ou d'un colportage.

25 { Achat de cartes par un débitant ailleurs que chez un fabricant commissionné (art. 11, arrêté du 3 pluviose an 6) A.
S'il s'agissait de cartes de fraude il faudrait procéder comme au n° 17.

26   Défaut par un débitant de tenir un registre d'achat et de vente (art. 11, même arrêté) A.

27 { Défaut par les entrepreneurs, directeurs de cafés, clubs et maisons où l'on donne à jouer, de tenir un registre d'achat (art. 11, même arrêté) A.

28 { Refus par les assujettis aux droits sur les cartes, de souffrir les exercices (art. 13, arrêté du 3 pluviose an 6) A.
Les membres d'une réunion où l'on donne à jouer, sont tenus aux visites.

9e Tableau. — VOITURES PUBLIQUES.

1
Mise en circulation de voitures sans déclaration (art. 117, loi du 25 mars 1817) s. c. A.
En cas de saisie on doit laisser continuer le voyage, mais sous la caution juratoire du conducteur. On n'est tenu à déclarer que les voitures que l'on met en circulation. — Les voitures de convois militaires n'y sont point assujetties, pas plus que celles des selliers et carrossiers, à moins qu'ils ne les louent à des loueurs de chevaux qui transportent des voyageurs à prix d'argent. — Les voitures des maîtres de poste sont exemptes de toutes formalités d'un relais à l'autre.

2
Mise en circulation de voitures sans estampilles (art. 117 id.) A.

3
Circulation sans laissez-passer (art. 117 id.) s. c. A.
Le laissez-passer ainsi que la licence doivent être renouvelés tous les ans. — Les gendarmes ne peuvent verbaliser en matière de voitures publiques.

4
Circulation avec un laissez-passer inapplicable (art. 116 et 117 id.) s. c. A.

5
Circulation avec un laissez-passer expiré (art. 115 et 117 id.) s. c. A.

6
Refus ou défaut de représenter le laissez-passer (art. 117 et 118 id., et 8 du décret du 14 fructidor an 12) s. c. A.
Les employés d'octroi peuvent verbaliser en matière de voitures publiques.

7
Déplacement des estampilles sans déclaration pour les appliquer à de nouvelles voitures (art. 117, loi du 25 mars 1817) A.
Si une voiture non déclarée et sur laquelle l'estampille d'une autre voiture a été appliquée, circule avec un laissez-passer inapplicable, la contravention rentre dans le cas prévu no 4; la voiture est saisissable.

8
Voies de fait (art. 11, décret du 14 fructidor an 12) A.

9
Mise en circulation pour un service régulier, de voitures déclarées comme partant d'occasion ou à volonté (art. 115 id.) A.
Ce n'est pas le nombre de voyageurs, plus ou moins fréquent, d'une ville à une autre, qui peut seul constituer un service régulier. On doit s'attacher à établir la contravention sur des faits positifs tels que l'établissement d'un bureau de départ et d'arrivée, la publication ou distribution d'avis généraux.

10
Fausse déclaration en service régulier du nombre et du prix des places (art. 116 id.) A.
La place du conducteur ne doit pas être comptée. — La rétribution du conducteur fait partie du prix des places. — Les places dites impériales sont sujettes aux droits.

11
Défaut par un entrepreneur d'un service régulier, d'avoir un registre ou d'y porter, jour par jour, les objets qui doivent y être inscrits (art. 3, décret du 14 fructidor an 12) A.
Le droit du dixième du prix du transport des marchandises s'établit sur le vu des registres contrôlés par les feuilles de route. — Les fourgons qui suivent les diligences mais qui ne transportent que des marchandises ne sont pas soumis aux droits.

12
Refus de représenter ledit registre (art. 4, loi du 25 mars 1817) A.
Ces registres doivent être communiqués sans déplacement.

13
Défaut par le conducteur d'une voiture en service régulier, d'être muni d'une feuille de route ou d'y avoir porté les objets qui doivent y être inscrits (art. 5 id.) A.
Le transport des marchandises non inscrites sur la feuille de route ne donne lieu qu'à l'amende, et la voiture ne peut être saisie si elle est en règle sous le rapport de l'estampille et du laissez-passer.

14
Refus de représenter cette feuille aux employés (art. 6 id.) A.

15
Refus de permettre aux employés d'assister au chargement et au déchargement des voitures en service régulier (même art.) A.

16
Emploi de faux registres, de fausses feuilles de route ou de faux enregistrements (art. 10, même loi) A.
Dans ce cas les pièces fausses, signées ou paraphées des saisissants NE VARIETUR, seront annexées au procès-verbal qui contiendra la sommation faite à la partie de les parapher et sa réponse.

10ᵉ TABLEAU. — TABACS.

1 { Importation de tabacs fabriqués à l'étranger (art. 173, loi du 28 avril 1816) c. A.
On doit toujours saisir à la requête de l'administration des douanes les tabacs et moyens de transport.

2 { Plantation de tabacs sans déclaration et sans permission, sur un terrain ouvert (art. 180 id.) A.
La culture des tabacs n'est permise que dans les départements du Bas-Rhin, Bouches-du-Rhône, Ille-et-Vilaine, Lot, Lot-et-Garonne, Nord, Pas-de-Calais et Var.

3 { Plantation sur un terrain clos de murs (même art.) A., de 1 fr. 50 c. par pied.
On ne peut pénétrer dans un lieu clos qu'accompagné d'un commissaire de police.

4 { Plantation d'une étendue de terrain ou d'un nombre de pieds de tabac excédant de plus d'un cinquième la quantité déclarée (art. 193 id.) A., de 25 c. par pied.

5 { Dépôt de tabacs en feuilles chez un particulier non autorisé à planter (art. 217 id.)s.c.A.
Les pharmaciens, les propriétaires de bestiaux, et les artistes vétérinaires peuvent avoir des tabacs en feuilles, mais ne peuvent les acheter que de la régie.

6 { Dépôt de tabacs en feuilles chez un planteur autorisé, après l'époque fixée pour la livraison (même art.) s. c. A.

7 { Même dépôt chez un cultivateur autorisé à planter pour l'exportation, après l'époque fixée pour l'exportation (même art.) s. c.

8   Circulation de tabacs en feuilles sans expédition (art. 215 id.) c. A.

9 { Fabrication illicite de tabacs (art. 172 et 221 id.) s. c. A.
La fabrication des tabacs factices est interdite par la loi du 12 février 1835.

10 { Dépôt de tabacs fabriqués, autres que ceux des manufactures royales (art. 217 id.)s.c.A.
Tout détenteur peut avoir dix kilo, à moins que ce ne soient des tabacs de fraude.
— Les aubergistes sont responsables des tabacs trouvés chez eux, quelqu'en soit le propriétaire.

11 { Dépôt de tabac de cantine dans les lieux où la vente n'est pas autorisée (art. 219 id.)s.c.A.
Cette autorisation a lieu par ordonnance du roi.

12 { Circulation de tabacs fabriqués soit en quantité d'un à dix kilo, sans laissez-passer ou sans marque de la régie, soit en quantité au-dessus de dix kilo sans acquit-à-caution, ou de tabacs de fraude quelle qu'en soit la quantité (art. 215 id.) s. c. des tabacs et moyens de transport et amende.
Il ne s'agit ici que de simples transports.

13 { Dépôt de tabacs fabriqués, même de ceux des manufactures royales, en quantité au-dessus de dix kilo, s'ils ne sont revêtus des marques de la régie.

14 { Colportage de tabacs, que les colporteurs soient surpris ou non à en faire la vente (art. 212 id.) s. c. A., et arrestation.
On ne considère en général comme colporteurs que les marchands ambulants et les contrebandiers. Les colporteurs sont constitués prisonniers, mais seulement pour sûreté de l'amende; car s'ils en déposent le maximum qui est de 1000 francs, ils doivent être mis en liberté, à moins qu'il n'existe d'autres charges contre eux; autrement, en vertu de l'art. 224 de la loi du 28 avril 1816, ils doivent être conduits sur le champ devant un officier de police judiciaire, ou remis à la force armée, ou conduits devant le juge compétent. Une copie du procès-verbal doit toujours accompagner les fraudeurs lorsqu'ils sont conduits devant le magistrat.

15 { Vente de tabacs à domicile sans commission de la régie (art. 172 id.) s. c. A.
En cas de vente de tabacs de fraude par les débitants, il faut appliquer l'art. 222 id. comme au n° 14. Les simples particuliers qui vendent du tabac de la régie ne sont qu'en contravention à l'art. 172.

15 { Addition ou mélange de matières hétérogènes dans les tabacs de la régie, par les entreposeurs et débitants (art. 227 id.) A. et emprisonnement.
On doit lever des échantillons cachetés.

17 { Dépôt d'ustensiles de fabrication qui ne sont pas sous les scellés de la régie (art. 220 id.) s. c.
La possession de ces ustensiles suffit pour établir la contravention.

18 { Contrebande de tabacs avec attroupement, à main armée (art. 222 id.) s.
Arrestation des contrebandiers qui sont conduits immédiatement comme il est dit
au n° 14.

11e Tableau. — SELS.

1 { Établissement d'une fabrique de sel à la chaudière, sans déclaration (art. 51, loi du
24 avril 1806) s. c. a.

2 { Enlèvement d'eau salée des puits, sources, réservoirs, conduits et magasins des salines
de l'Est (art. 1er, décret du 18 août 1807) s. c. a.

3 { Enlèvement de sels des magasins, sans que le fabricant se soit fait représenter le
permis des douanes ou des contributions indirectes (art. 20, décret du 11 juin 1806)
double droit sur le sel vendu.

4 { Refus dans les fabriques et salines de l'intérieur, de souffrir en tout temps les exercices
(art. 8, même décret) a.

5 { Transport de sel sans déclaration et sans expédition, dans les trois lieues des côtes ou
des fabriques et salines de l'intérieur et les quatre lieues des frontières de terre
(art. 2 id.) s. c. a.

6 { Transport de sel dans les mêmes rayons avant le lever du soleil ou après son coucher,
à moins d'autorisation exprimée sur l'expédition (art. 6 id.) s. c. a.

7 { Transport de sel dans les mêmes rayons sur une autre route que celle indiquée par
l'expédition (art. 3 et 6 id.) s. c. a.

8 { Transport de sel dans les mêmes rayons avec une expédition dont le délai est expiré
(art. 6 id.) s. c. a.

9 { Défaut d'identité entre le sel transporté dans les mêmes rayons et l'expédition repré-
sentée (art. 3 id.) s. c. a.

10 Établissement d'une salpêtrerie sans déclaration (art. 5, décret du 16 février 1807) c. a.

11 { Fabrication de sel ignifère sans autorisation de l'administration des douanes dans les
pays appelés Quart-bouillon (art. 6, ordonnance royale du 19 mars 1817) s. a.

12e Tableau. — POUDRES A FEU.

1 { Fabrication de poudre à feu hors les poudrières de l'État (art. 24, loi du 13 fructidor
an 5) s. c. a.
Les employés doivent requérir l'arrestation des ouvriers employés à la fabrication.

2 { Vente de poudre sans commission (même loi) s. c. a. et même art.
On doit verbaliser contre tous particuliers, autres que les débitants, surpris à vendre
de la poudre.

3 { Dépôt de poudre à feu en quantité au-dessus de cinq kilo, chez un particulier non
autorisé (même art.) s. c. a.

4 { Vente de poudre de contrebande par un débitant commissionné, ou dépôt de la même
poudre dans son domicile (art. 36 id.) s. c. a.
Les débitants ne peuvent vendre la poudre de mine qu'avec autorisation.

5 { Dépôt de poudre de guerre en quelque quantité ou chez quelque particulier que ce soit
(art. 4, décret du 23 pluviose an 13) s. c. a.
Les artificiers peuvent avoir de la poudre de guerre avec autorisation.

6 { Transport de poudre en quantité au-dessus de cinq kilo, sans passe-port de l'autorité
compétente, visé à la municipalité du lieu du départ (art. 30, loi du 13 fructidor
an 5) s. c. a.

7 Introduction dans le royaume de poudres étrangères (art. 21 id.) s. c. a.

13ᵉ TABLEAU. — NAVIGATION.

L'initiale L. exprime la loi du 9 juillet 1836.
L'initiale O. exprime l'ordonnance du 15 octobre suivant.

ART.		ONJETS.	DÉVELOPPEMENTS.
10	L.	Jaugeage.	Nul bateau ne peut naviguer sans être jaugé à un décimètre en dehors de l'eau.
2	O.		Le jaugeage est métrique d'après l'instruction ministérielle.
3	O.		La faculté de jaugeage est réciproque.
2	L.	Echelles. .	Les échelles sont métriques, incrustées.
4	L. O.		Une de chaque côté du bateau.
5	O.		Défense de les déplacer.
6	O.		Les réparer en cas d'accident.
8	O.		Les bateaux qui ne font qu'un voyage, dispensés.
5	L.	Bateaux. .	S'il y a des voyageurs 1ere classe, 1/10 de tonneau par voyageur.
10	O.	id. vides.	Exempts; mais sujets à la déclaration.
11	L.	Sapines. .	Paiement après débargement et avant dépècement.
17	L.	Bat. à vap.	Distraire le poids de la machine et du combustible.
8	L.	Bascules. .	Imposées en raison du volume extérieur en mètres cubes.
«	»		Chaque mètre un tonneau.
9	O.		Vides, exemptes mais déclarées.
2	L.	Trains. . .	Espaces vides distraits.
7	L.		Chargés de marchandises, double droit.
1	L.	Tarif et perception.	Établis par distance de 5 kilomètres et par tonneau de 100 kilomes
3	L.		1ere classe 1 centime 75 millièmes tout ce qui n'est pas 2e classe.
3	L.		2e id. 0 centime 75 millièmes, combustibles, matériaux, engrais, minerai.
4	L.		Au-dessus du dixième, tout est première classe.
11	O.		Perception au passage devant chaque bureau.
9	L.	Exemption	Bateaux et bascules vides, marine, ponts et chaussées.
			Pêches, propriétaires ou fermiers autorisés.
11	O.	Conduct.rs ou Mariniers.	Moyens de se rendre à bord.
12	L.		Faire connaître le tirant d'eau, si payé d'avance.
18	L.		Si payé à charge complète, 1ere classe, laissez-passer.
14	L.		Si payé à l'arrivée, acquits.
14	O.		Représentation des procès-verbaux de jaugeage.
15	L.	Expéditions et lettr. de v.	Prise du laissez-passer.
16	L.		Représentation des expéditions et des lettres de voiture.
20	L.	Agents responsab.	Propriétaires et mariniers responsables de leurs agents ou domes-tiques.
16	L.	Verbalisants	Employés, Régie, douanes, octroi, navigation.
			Eclusiers, maîtres de ponts et pertuis.
20	.	Pénalité .	Amende de 50 à 200 francs, pas de saisie, si ce n'est en cas d'insolvabilité pour sûreté de l'amende.

14ᵉ Tableau. — BACS ET BATEAUX.

1 { Refus de payer les sommes portées au tarif (art. 48, loi du 6 frimaire an 7) A.
Les employés dans l'exercice de leurs fonctions sont exempts du droit de passage.

2 { Même refus avec injures, menaces, violences et voies de fait (même art.) A. et emprisonnement.

3 { Perception d'une rétribution quelconque par un particulier ayant un bateau autorisé ou non, dans les limites du port du bac affermé (art. 53 id.) A.

15ᵉ Tableau. — GARANTIE.

1 { Fabrication de faux poinçons (art. 19, loi du 19 brumaire an 6) c. travaux forcés, vingt ans.

2 { Usage de vrais poinçons par d'autres personnes que des employés préposés à cet effet (art. 110 id.) réclusion.
Lorsqu'on ne fait pas usage des poinçons, ils doivent être renfermés dans une caisse à trois serrures, dont le contrôleur, l'essayeur et le receveur ont chacun une clé.

3 { Mise en vente ou dépôt, avec connaissance, d'ouvrages sur lesquels les marques des poinçons seraient entrées, soudées ou contretirées(art.108 id. c.et six années de fer.

4 { Mise en vente ou dépôt, avec connaissance, d'ouvrages marqués de faux poinçons (art. 109 id.) A. c.

5 { Présentation à l'essai, d'ouvrages d'or, de vermeil ou d'argent, fourrés d'une matière étrangère (art. 65, loi du 18 brumaire an 6) c. A. de vingt fois la valeur.
L'essayeur peut faire couper en présence du propriétaire les ouvrages soupçonnés.
Si la frande est reconnue on doit saisir les ouvrages, autrement le dommage doit être payé sur le champ.

6 { Défaut de représenter en douane les ouvrages d'or et d'argent venant de l'étranger (art. 23 id.) s. c. A.

7 { Mise en vente d'ouvrages introduits de l'étranger en exemption d'après l'article 23, sans qu'ils aient été marqués et soumis au droit (art. 24 id.) s. c. A. et la marque.

8 { Mise en vente d'ouvrages d'or et d'argent déposés au mont-de-piété et autres dépôts de vente, avant que lesdits ouvrages aient été soumis au droit et à la marque (art. 28, loi du 19 brumaire an 6) s. c. A.

9 { Mise dans le commerce de lingots et matières d'or et d'argent affinés, pour lesquels les droits n'ont point été acquittés et qui sont dépourvus de marque (art. 29 id.) s. c.

10 { Refus par un assujetti à la garantie, de souffrir les recherches et vérifications des employés lorsqu'ils sont accompagnés d'un commissaire de police (art. 101 et 105 id.) A.
On peut entrer en tout temps chez un assujetti soumis à la marque d'or et d'argent. L'absence d'un officier de police rend nulles toutes ces opérations.

HORLOGERIE. — *Ouvrages Vieux.*

11 { Défaut de la marque du poinçon spécial sur les boîtes des montres et autres ouvrages d'horlogerie en or ou en argent fins, trouvés chez un assujetti à la garantie (art. 1ᵉʳ, ordonnance du 19 novembre 1821) c. A.
On ne peut saisir les mouvements des montres.

12 { Défaut par tout individu travaillant et fabriquant des ouvrages d'or et d'argent, de tenir un registre et d'y inscrire à l'instant même les ouvrages vieux qu'il reçoit chez lui (art. 14, décret du 25 février 1749) A. s. c.

13 { Défaut par lesdits assujettis d'effacer sur leurs registres les ouvrages qui y sont portés en vertu de l'art. 14, à mesure qu'ils sont rendus, ou de les représenter à toute réquisition des employés (art. 16 id.) A.

14 { Défaut par lesdits assujetis de porter au bureau, pour y être marqués et les droits acquittés, les ouvrages vieux ou réputés vieux qu'ils achètent pour leur compte ou pour les vendre, et ce dans les vingt-quatre heures de l'enregistrement; ou défaut d'avoir brisé lesdits ouvrages (art. 17 id.) ᴀ. ᴄ.

Fabricants et Marchands d'ouvrages d'Or et d'Argent.

15 { Établissement d'une fabrique d'or et d'argent sans déclaration à la préfecture et à la mairie et sans y avoir fait insculper le poinçon du fabricant (art. 72, loi du 19 brumaire an 6) ᴀ. ѕ. ᴄ.

16 Établissement d'une orfévrerie sans déclaration à la mairie (art. 73 id.) ᴀ. ѕ. ᴄ.

17 { Défaut de marques sur les ouvrages achevés existant chez les fabricants et marchands (art. 77 id.) ᴀ. ѕ. ᴄ.

18 { Défaut par les fabricants et marchands d'avoir un registre et d'y inscrire les ouvrages d'or et d'argent qu'ils vendent et achètent (art. 74 id.) ᴀ. ѕ. ᴄ.

19 Refus de représenter leur registre à toute réquisition (art. 76 id.) ᴀ.

20 Achat par eux de personnes inconnues ou n'ayant pas de répondant connu (art. 75 id.) ᴀ.

21 { Défaut d'avoir affiché le tableau énonçant les articles de la loi relatifs aux titres de la vente des ouvrages d'or et d'argent (art. 78 id.) ᴀ.

22 { Défaut de remettre aux acheteurs le bordereau énonciatif des ouvrages vendus (art. 79 id.) ᴀ.

Fabricants et Marchands de galons, tissus, broderies et autres ouvrages en fil d'Or et d'Argent.

23 { Établissement de ces fabricants et marchands, sans déclaration à la mairie (art. 73 et 81, loi du 19 brumaire an 6) ᴀ.

24 { Défaut par eux de tenir un registre et d'y inscrire leurs achats et ventes (art. 74 et 81 id.) ᴀ.

25 Refus par eux de représenter ledit registre à toute réquisition (art. 76 et 81 id.) ᴀ.

26 Achat par eux de personnes inconnues ou sans répondant connu (art. 74 et 81 id.) ᴀ.

27 { Défaut d'avoir affiché dans leur magasin ou boutique le tableau indiqué (art. 78 et 81 id.) ᴀ.

28 { Refus de remettre aux acheteurs le bordereau énonciatif indiqué no 22 (art. 79 et 81 id.) ᴀ.

29 Vente, pour fins, d'ouvrages en ѵr et en argent faux (art. 81 id.) ᴀ. ᴄ. et emprisonnement.

Joailliers.

30 { Défaut de tenir un registre et d'y inscrire jour par jour les ventes et achats (art. 86, loi du 19 brumaire an 6) ᴀ.

31 { Défaut de remettre à l'acheteur le bordereau énonciatif de la nature et de la forme de chaque ouvrage ainsi que de la qualité des pierres (art. 87 id.) ᴀ.

32 Mélange de pierres fausses avec les fines, sans le déclarer à l'acheteur (art. 89 id.) ᴀ.

33 { Défaut de marques sur les ouvrages achevés, susceptibles de supporter l'empreinte des poinçons (arrêté du 1ᵉʳ messidor an 6) ᴀ. ѕ. ᴄ.

Marchands ambulants.

34 { Mise en vente d'objets d'or et d'argent dans une commune, sans que le marchand se soit présenté à la mairie (art. 92, loi du 19 brumaire an 6) ᴀ. ѕ. ᴄ.

35 { Défaut par le marchand ambulant de représenter au maire ou à son adjoint le bordereau des orfèvres qui lui ont vendu les ouvrages d'or dont il est porteur (même
art.) A. s. c.

36 Défaut de marques sur ces ouvrages (art. 94, même loi) A. s. c.

Fabricants de Plaqué et Doublé d'Or et d'Ar ent sur Métaux.

37 { Établissement d'une fabrique de plaqué sans déclaration à la mairie, à la sous-pré-
fecture ou à l'administration des monnaies (art. 95, loi du 19 brumaire an 6)s.c.A.

38 { Défaut par le fabricant d'apposer sur chaque ouvrage, son poinçon, le chiffre indi
catif de la quantité d'or et d'argent et le mot DOUBLÉ (art. 97 id.) s. c. A.

39 { Défaut de tenir un registre et d'y inscrire jour par jour les ventes faites par le
fabricant (art. 98 id.) s. c. A.

40 { Refus de remettre aux acheteurs le bordereau énonciatif de l'ouvrage vendu (même
art.) s. c. A.

41 { Achat de matières et ouvrages d'or et d'argent, de personnes inconnues ou n'ayant pas
de répondant connu (art. 100, même loi) A.

Affineurs.

42 { Travail pour le commerce, sans déclaration à la mairie, à la préfecture ou à l'administration des monnaies (art. 113, loi du 19 brumaire an 6)A. s. c.

43 { Réception de matières non essayées et tirées par un essayeur public, autre que celui
qui doit juger le lingot affiné (art. 144 id.) A. s. c.

44 { Défaut de délivrer la reconnaissance indicative de la nature, poids, titre et nos de
ces matières (art. 115 id.) A. s. c.

45 { Défaut de tenir un registre et d'inscrire jour par jour et par ordre de nos les matières
apportées à l'affinage et celles rendues après l'affinage (art. 116 id.) A. s. c.

46 { Défaut par l'affineur d'insculper son nom en toutes lettres sur les lingots affinés (art.
117 id.) A. s. c.

47 { Défaut de faire marquer les lingots affinés avant de les rendre au propriétaire (art.
29 et 117 id.) A. c.

16e TABLEAU.

NOMENCLATURE DES BOISSONS, LIQUIDES ET FRUITS SOUMIS AUX DROITS.

DÉNOMINATIONS PARTICULIÈRES.	
Absinthe (extrait d') . . . . . Alkoemis . . . . Andaye (eau-de-vie d') . . . Anisette.	Comme liqueurs ou alcool.
Bières.	Ne sont soumises qu'au droit de fabrication. Lors-qu'elles sont soumises au droit d'octroi, elles doi-vent être saisies à défaut de déclaration.
Cidres et Poirés.	Voyez liqueurs.
Crêmes	Comme vin et cidre.
Demi-Vin.—Petit-Cidre. . . .	Comme eau-de-vie.

Eaux de Cerises.	
Eaux-de-Vie et Esprits.	
Eau de Cologne.	
Eau de Lavande.	Voyez eau-de-vie et esprits altérés. — Les eaux
Eau de Mélisse	sont soumises à aucune formalités pour la circu-
Eau de la Reine de Hongrie.	lation, mais elles payent le droit d'entrée.
Eaux de Senteur.	
Eaux-de-Vie et Esprits altérés.	
Elixir de Garus	Comme liqueur.
Esprits.	Voyez esprits et eau-de-vie.
Éther.	Comme eaux-de-vie et esprits altérés.
Genièvre (eaux-de-vie de).	Comme eaux-de-vie.
Huiles	Soumises aux droits comme eaux de senteur, s'il n'y a aucun mélange de sucre, ou comme liqueur si elles sont sucrées.
Hydromel	Comme cidre.
Jus de Citron	Voyez sirop de punch.
Kirschwasser	
Koüetschwasser	Comme eaux-de-vie.
Liqueurs	Sont soumises aux droits, sans distinction de qualités et de vases.
Piquettes	Sont traitées comme vins.
Rack	Comme eaux-de-vie.
Ratafia	Comme liqueurs.
Rhum	Comme eaux-de-vie.
Sirop de Punch	Comme liqueurs.
Sirops	Ne sont soumis à aucun droit s'il n'entre point d'alcool dans leur composition.
Tafia	Comme eaux-de-vie.
Vendanges	Trois hectolitres pour trois de vin.
Vernis	Voyez eaux-de-vie et esprits altérés et droit de consommation. Sont soumis aux droits d'entrée lorsqu'ils sont entièrement confectionnés.
Vins	Sont soumis au droit sans distinction de qualité ni de vase.
Vins de Liqueurs	Comme vins ordinaires. — Densité d'un mètre cube de vins de liqueurs 1100 livres. — L'eau distillée étant prise pour base à 1000 livres. — Les vins secs ordinaires pèsent 998.

17ᵉ Tableau. — OCTROIS.

1	Introduction ou passage devant un bureau de perception d'objets soumis aux droits, sans déclaration préalable, dans les villes où la perception s'opère à l'entrée (art. 28 et 29 de l'ordonnance du 9 décembre 1814) s. c. a. Les moyens de transport ne sont saisissables à défaut de caution, que pour sûreté de l'amende. Ceux qui introduisent par escalade des objets soumis aux droits, peuvent être arrêtés.
2	Déchargement ou introduction à domicile des objets dans les villes où la perception s'effectue au bureau central ou au-delà des bureaux d'entrée dans les villes où elle a lieu aux portes (art. 23 et 34 id.) s. c. a.
3	Fausse déclaration de la quantité des objets soumis au tarif (art. 29 id.) s. c. a.
4	Fausse déclaration de l'espèce desdits objets (même art.) s. c. a.
5	Présentation, à la sortie, d'objets autres que ceux déclarés au passe-debout, en transit ou en entrepôt, ou en quantité inférieure à celle pour laquelle le certificat de sortie est réclamé (art. 28 et 29 de l'ordonnance précitée) s. c. a. La fausse déclaration à la sortie produit le même effet que la fausse déclaration à l'entrée, elle doit être punie des mêmes peines. — La saisie n'est que fictive: On prend pour base d'évaluation le prix courant des boissons; on ne saisit les moyens de transport que pour sûreté de l'amende; il est essentiel de prendre des échantillons cachetés de l'objet en litige.

6 { Préparation, fabrication ou récolte dans l'intérieur sans déclaration préalable, d'objets compris au tarif (art. 36 de l'ordonnance ci-dessus) s. c. ʌ.

7 { Fausse déclaration des objets préparés, fabriqués ou récoltés dans l'intérieur (art. 28 et 36 id.) s. c. ʌ.

8 { Refus de souffrir la vérification des voitures, caisses, ballots, paniers et autres enveloppes susceptibles de contenir des objets soumis aux droits (art. 28 id.) ʌ.
L'article 9 de la loi du 24 mai 1834 permet de faire des visites sur toutes les voitures suspendues, indistinctement, pour les villes ayant un octroi.

9 { Refus de laisser entrer les préposés de l'octroi, par un propriétaire récoltant, nourrisseur de bestiaux, boucher, charcutier et autres, soumis aux visites par le règlement (art. 36 id.) ʌ.

10   Opposition aux fonctions des employés (art. 15, loi du 27 frimaire an 8) ʌ.

18ᵉ TABLEAU.

TARIF DES DROITS A PERCEVOIR SUR LES BOISSONS.

DÉSIGNATION des droits et population des communes sujettes aux droits d'entrée.	TAXE PAR HECTOLITRE EN PRINCIPAL					
	Vins en cercles et en bouteilles dans les départements de				Cidres, poirés, hydromels.	Alcool
	1ere classe.	2e classe.	3e classe.	4e classe.		
	f. c.	f. c.	f. c.	f. c.	f. c.	f. c.
Entrée dans les communes de						
4,000 à 6,000 âmes..	» 60	» 80	1 00	1 20	» 50	4 00
6,000 à 10,000 id..	» 90	1 20	1 50	1 80	» 75	6 00
10,000 à 15,000 id...	1 20	1 60	2 00	2 40	1 00	8 00
15,000 à 20,000 id...	1 50	2 00	2 50	3 00	1 25	10 00
20,000 à 30,000 id...	1 80	2 40	3 00	3 60	1 50	12 00
30,000 à 50,000 id..	2 10	2 80	3 50	4 20	1 75	14 00
50,000 et au-dessus..	2 40	3 20	4 00	4 80	2 00	16 00
Circulation suivant le lieu de destination..	» 60	» 80	1 00	1 20	» 50	» 00
Remplacement aux entrées de Paris....	8 f.				4 00	50 00
Détail dans tout le Royaume......	10 pour o/o du prix de la vente...					
Consommation id..........	....					34 00
Fabrication des bières id..........	forte à ... 2 fr. 40 c. petite à ... » 60					

19e Tableau. — CLASSEMENT DES DÉPARTEMENS DU ROYAU...

1ere CLASSE.	2e CLASSE.	3e CLASSE.	4e CLASSE.
Alpes (Basses).	Ain.	Aisne.	Ardennes.
Arriège.	Allier.	Cantal.	Calvados.
Aube.	Alpes (Hautes).	Corrèze.	Côtes-du-Nord.
Aude.	Ardèche.	Creuse.	Finistère.
Aveyron.	Cher.	Doubs.	Ille-et-Vilaine.
Bouches-du-Rhône.	Côte-d'Or.	Eure.	Manche.
Charente.	Drôme.	Eure-et-Loir.	Mayenne.
Charente-Inférieure	Indre.	Jura.	Nord.
Dordogne.	Indre-et-Loire.	Loire.	Orne.
Gard.	Isère.	Loire (Haute).	Pas-de-Calais.
Garonne (Haute).	Loir-et-Cher.	Lozère.	Seine-Inférieure.
Gers.	Loire-Inférieure.	Morbihan.	Somme.
Gironde.	Loiret.	Oise.	
Hérault.	Maine-et-Loire.	Rhin (Bas).	
Landes.	Marne.	Rhin (Haut).	
Lot.	Marne (Haute).	Rhône.	
Lot-et-Garonne.	Meurthe.	Saône (Haute).	
Pyrénées (Basses).	Meuse.	Saône-et-Loire.	
Pyrénées (Hautes).	Moselle.	Sarthe.	
Pyrennées-Orient.	Nièvre.	Seine.	
Tarn.	Puy-de-Dôme.	Seine-et-Marne.	
Tarn-et-Garonne.	Sèvres (Deux).	Seine-et-Oise.	
Var.	Vendée.	Vienne (Haute).	
Vaucluse.	Vienne.	Vosges.	
	Yonne.		

20e Tableau. — SUCRES INDIGÈNES.

ANALYSE DE L'ORDONNANCE RÉGLEMENTAIRE.

Nos d'ordre.	OBJETS.	ARTICLES de la Loi.	ARTICLES de l'ordon.	DÉVELOPPEMENTS.
1	ÉTABLISSEM. DU DROIT	1er	1er	Loi du 18 Juillet 1837; Ordonnance réglement... provisoire du 4 Juillet 1838.
2	TYPES	«	2	4e Classe.
3		«	3	Déposés au greffe du tribunal de première instan...
4		«	4	1o D'établissement quinze jours avant la fabric... (1er septembre 1838).
5	DÉCLARATIONS	«	6	De la contenance des vaisseaux et réservoir... lement. 2o De changement dans le nombre et la contenan... des vaisseaux.
6		«	9	3o Des heures de travail; des procédés employ... — Des changements dans les procédés. — De... pression et de reprise des travaux.
7	LICENCE	«	5	D'après les deux 1ers § de l'art. 171 de la... 28 avril 1816.
8	FABRIQUE	«	7	Portera à l'extérieur: fabrique de sucre.

ANALYSE DE L'ORDONNANCE RÉGLEMENTAIRE.

Nos d'ordre.	OBJETS.	ARTICLES de la loi.	l'ordon.	DÉVELOPPEMENTS.
9	EXERCICES	3	8	Visites et vérifications, même de nuit, si la fabrique est en activité. Communications intérieures ; interdites.
10	REGISTRES	«	10	1° De défécation, 2° du résultat des opérations, tenus par le fabricant et visés à chaque exercice par les employés.
11	ABONNEMENTS.	«	11	Et conventions relatifs au nombre des défécations
12	CHARGES	«	12	Sur la base de cinq kilo de sucre brut par 100 litres de jus, marquant avant la défécation 10b° au déns. à la température de 15° c.
13	JUS.	«	13	S'évalueront d'après la contenance des chaudières, moins 12 1/2 par 0/0 pour le vide moyen de ces chaudières.
14	VIDE	«	14	Mais ce vide est facultatif jusqu'à la limite fixée ; au-delà, contravention.
15	COLIS ET SACS . . .	«	19	Colis, 100 kilo, sacs, 50 kilo ; appoint, au-dessous ; toléré. Les sucres vérifiés et plombés peuvent circuler de nuit.
16		«	15	Avec laissez-passer après déclaration, et après vérification s'il est possible. L'enlèvement avant les vingt-quatre heures, entraine le droit au 3e type si on ne raffine pas, et de 4e classe si on raffine.
	ENLÈVEMENTS. . . .			
17		«	20	En cas d'enlèvement avec acquit, on devra se conformer au délai accordé pour le transport.
18		«	16	Les fabricants pourront se délivrer des expéditions.
19		«	25	Seront exhibées dans les communes où il existe des fabriques, et dans les communes limitrophes.
20	EXPÉDITIONS	«	21	Les acquits seront réglés dans la forme ordinaire. Coût ordinaire.
21	SIROPS ET MÉLASSES. .	«	17	Contenant encore du sucre cristallisable, ne pourront être enlevés qu'avec acquits et à destination d'une autre fabrique. —Décharge après prise en charge. —Évaluation de gré-à-gré.
22	MÉLASSES.	«	22	Aucune formalité, si elles ne contiennent plus de sucre cristallisable.
23	COMPTES P. MÉMOIRE	«	18	Pour les sucres ayant acquitté le droit ; mais on doit au préalable déclarer et les employés reconnaitre les quantités.
24	DROITS	«	23	Réglés par mois d'après les quantités déclarées, déduction faite de 2 pour 0/0 du poids net et de la tare réelle.
25	INVENTAIRE.	«	24	Du premier au quinze août. —Évaluation de gré-à-gré. —Excédant passible. —Quantités reportées à compte nouveau.
26	PÉNALITÉ.	3	26	Amende de 100 à 600 francs, et droits fraudés. Confiscation des sucres, sirops et mélasses fabriqués, enlevés ou transportés en fraude, art. 12 de la loi du 10 août 1839.
27	CONTRAVENTIONS . .	«	27	Constatées et poursuivies comme en matière de contributions indirectes.
28		«	28	Fabrication continuée jusqu'au premier septembre 1838, sans exercices ni droits, si aucune quantité de betteraves n'est entrée en fabrique.
29	TRANSITION.	«	29	Inventaire au premier septembre 1838, des produits des années précédentes, et portés au compte pour mémoire après évaluation de gré-à-gré.

TABLEAU DES DEGRÉS CENTÉSIMAUX

En degrés de Cartier à la température de quinze degrés centigrades
avec fractions d'après la table de correspondance adoptée
par l'Administration.

31	15	ou	14	90
32	15	couvert	15	07
33	15	1/4	15	24
34	15	1/2	15	43
35	15	3/4	15	63
36	15	3/4 couvert	15	83
37	16		16	02
38	16	1/4	16	22
39	16	1/2	16	43
40	16	3/4	16	66
41	17		16	68
42	17	couvert	17	12
43	17	1/4	17	37
44	17	1/2 17 3/4	17	62
45	18		17	88
46	18	1/4	18	14
47	18	1/2	18	42
48	18	3/4	18	69
49	19		18	97
50	19	1/4	19	25
51	19	1/2	19	54
52	19	3/4	19	85
53	20	1/4	20	15
54	20	1/2	20	47
55	20	3/4	20	47
56	21	21 1/4	21	11
57	21	1/2	21	43
58	21	3/4	21	76
59	22	22 1/4	22	10
60	22	1/2	22	46

61	21	3/4 ou	22	82
62	23	1/4	23	18
63	23	1/2	23	55
64	23	3/4 24	23	92
65	24	1/4 24 1/2	24	29
66	24	3/4	24	67
67	25	25 1/4	25	05
68	25	1/2	25	45
69	25	3/4 26	25	85
70	26	1/4 26 1/2	26	26
71	26	3/4	26	68
72	27	27 1/4	27	11
73	27	1/2 27 3/4	27	54
74	28		27	98
75	28	1/4 28 1/2	28	43
76	28	3/4 29	28	88
77	29	1/4 29 1/2	29	34
78	29	3/4 30	29	81
79	30	1/4 30 1/2	30	29
80	30	3/4 31	30	76
81	31	1/4 31 1/2	31	26
82	31	3/4 32	31	76
83	32	1/4 32 1/2	32	28
84	32	3/4 33	32	80
85	33	1/4 33 1/2	33	33
86	33	3/4 34	33	88
87	34	1/2	34	43
88	35		35	01
89	35	1/2	35	62
90	36		36	24

FORCE RÉELLE DES SPIRITUEUX.

La force d'un liquide spiritueux étant le nombre de centièmes en volume d'alcool pur que ce liquide renferme à la température de quinze degrés centigrades, cette quantité d'acool s'obtient en multipliant le nombre qui exprime ce volume, par la force du liquide : ainsi ; 634 litres à 055 348 70 ; mais la chaleur fait varier le volume jusqu'à 12 pour 0/0 de la valeur du liquide. Il s'agit donc de corriger les indications de l'alcoo-mè re lorsque la température des spiritueux est différente de quinze degrés, ce qu'on appelle ramener à la température. Le tableau ci-des-sous donne les résultats relatifs aux spiritueux de 50, 59 et 85 à la température de 0 à 30.

TEMPÉRATURE du liquide.	FORCE 50	VOLUME de 100 litres	FORCE 59	VOLUME de 100 litres	FORCE 85	VOLUME de 100 litres.
0	55 4	101 2	64 1	101 3	88 9	101 4
1	55 1	101 1	63 8	101 2	88 7	101 3
2	54 7	101 »	63 4	101 1	88 5	101 2
3	54 3	100 9	63 1	101 »	88 2	101 1
4	54 »	100 9	62 7	100 9	87 9	101 1
5	53 6	100 8	62 4	100 8	87 7	101 »
6	53 3	107 7	62 »	100 8	87 4	100 9
7	52 9	100 6	61 7	100 7	87 2	100 8
8	52 6	100 5	61 4	100 6	86 9	100 7
9	52 2	100 5	61 »	100 5	86 6	100 6
10	51 8	100 4	60 7	100 4	86 4	100 5
11	51 5	100 3	60 4	100 3	86 1	100 4
12	51 1	100 2	60 »	100 2	85 8	100 3
13	50 8	100 2	59 7	100 2	85 5	100 2
14	50 4	100 1	59 3	100 1	85 3	100 1
15 ord re	50 »	100 »	59 »	100 »	85 »	100 »
16	49 6	99 9	58 6	99 9	84 7	99 9
17	49 3	99 8	58 3	99 8	84 4	99 8
18	48 9	99 8	57 9	99 7	84 1	99 7
19	48 5	99 7	57 6	99 7	83 9	99 6
20	48 2	99 6	57 2	99 6	83 6	99 5
21	47 8	99 5	56 9	99 5	83 3	99 4
22	47 4	99 5	56 5	99 4	83 »	99 3
23	47 »	99 4	56 1	99 3	82 7	99 2
24	46 6	99 3	55 8	99 3	82 4	99 1
25	46 3	99 3	55 5	99 2	82 1	99 »
26	45 9	99 2	55 1	99 1	81 8	98 9
27	45 5	99 1	54 8	99 »	81 5	98 8
28	45 1	99 »	54 4	98 9	81 2	98 7
29	44 7	99 »	54 »	98 9	80 9	98 6
30	44 3	98 9	53 6	98 8	80 6	98 5

TABLE DE CORRECTION A FAIRE SUBIR AU DEGRÉ APPARENT INDIQUÉ PAR L'ALCOOMÈTRE POUR OBTENIR LE DEGRÉ RÉEL DES LIQUIDES SPIRITUEUX A LA TEMPÉRATURE DE QUINZE DEGRÉS CENTIGRADES.

DIFFÉRENCE EN MOINS à ajouter aux degrés indiqués par l'alcoomètre pour obtenir les degrés réels.

DEGRÉS CENTÉSIM. indiqués par l'alcoomètre.	0	1	2	3	4	5	6	7	8	9	10	11	12	13	14	15
31 à 34	7	6	6	5	5	4	4	3	3	2	2	2	1	1	0	0
35	6	6	6	5	5	4	4	3	3	2	2	2	1	1	0	0
36 à 39	6	6	6	5	5	4	4	3	3	3	2	2	1	1	0	0
40 à 44	6	6	5	5	5	4	4	3	3	3	2	2	1	1	0	0
45 à 46	6	6	5	5	5	4	4	3	3	2	2	2	1	1	0	0
47 à 53	6	6	5	5	4	4	4	3	3	2	2	2	1	1	0	0
54 à 56	6	6	5	5	4	4	3	3	3	2	2	2	1	1	0	0
57 à 69	6	5	5	5	4	4	3	3	3	2	2	2	1	1	0	0
70 à 71	6	5	5	4	4	4	3	3	3	2	2	1	1	1	0	0
72 à 78	6	5	5	4	4	4	3	3	3	2	2	1	1	1	0	0
79 à 83	5	5	5	4	4	3	3	3	2	2	2	1	1	1	0	0
84	5	5	5	4	4	3	3	3	2	2	2	1	1	1	0	0
85	5	5	5	4	4	3	3	3	2	2	2	1	1	1	0	0
86 à 90	5	5	4	4	4	3	3	3	2	2	2	1	1	1	0	0

DEGRÉS DU THERMOMÈTRE CENTIGRADE.

DIFFÉRENCE EN PLUS à déduire des degrés indiqués par l'alcoomètre pour obtenir les degrés réels.

DEGRÉS CENTÉSIM. indiqués par l'alcoomètre.	16	17	18	19	20	21	22	23	24	25	26	27	28	29	30
31 à 32	0	1	1	2	2	3	3	3	4	4	5	5	5	6	6
33 à 34	1	1	1	2	2	3	3	3	4	4	5	5	6	6	6
35 à 36	1	1	1	2	2	3	3	3	4	4	5	5	6	6	6
37 à 40	1	1	1	2	2	3	3	3	4	4	5	5	6	6	6
41 à 43	0	1	1	2	2	3	3	3	4	4	5	5	5	6	6
44 à 46	0	1	1	2	2	3	3	3	4	4	5	5	5	6	6
47 à 59	0	1	1	2	2	2	3	3	4	4	4	5	5	6	6
60 à 70	0	1	1	2	2	2	3	3	4	4	4	5	5	5	6
71 à 72	0	1	1	2	2	2	3	3	4	4	4	5	5	5	6
73 à 82	0	1	1	2	2	2	3	3	3	4	5	5	5	5	6
83 à 85	0	1	1	1	2	2	3	3	3	4	4	5	5	5	6
86 à 87	0	1	1	1	2	2	3	3	3	4	4	4	5	5	6
88 à 89	0	1	1	1	2	2	3	3	3	4	4	4	5	5	5
90	0	1	1	1	2	2	2	3	3	4	4	4	5	5	5

DEGRÉS DU THERMOMÈTRE CENTIGRADE.

SITUATION DE L'ENTREPOT DES TABACS ET POUDRES.

PREMIÈRE PARTIE. — COMPTES EN MATIÈRES.

	ENTRÉES.				SORTIES.						RÉSULTAT.				PRODUIT des ventes et valeurs des manquants.	
TABACS.	quantité restant en magas. au 1er janv.er	envois parvenus depuis le 1er janv.er	excédants constatés à l'arrivée.	excédants constatés depuis l'arrivée.	total des entrées.	renvois ou expéditions	déchets reconnus à l'arrivée.	déchets de mag non payab. p. l'entrepos.	manq. à la charge de l'entreposeur en 18	quantités vendues.	total des sorties	quantités devant rester en magasin.	quantités trouvées en magasin.	différence en plus.	différence en moins.	produit des ventes.	valeur des manquants.
Totaux. . .																	
POUDRES.																	
Totaux. . .																	

DEUXIÈME PARTIE.

RECETTES ET DÉPENSES.	COMPTES EN DENIERS.

Solde en caisse au 1er Janvier 18   , numéraire. . . . . . .

RECETTES.

	recettes effectuées		total
	pendant les mois antérieurs.	pend. le mois courant jusqu'à l'ép. de la vér.	des recettes du 1er janv. au jour de la vérificat.
Produit net des ventes de tabacs.			
id. de poudres.			
Produit brut des manquants constatés avant la vérification.			
Tabacs			
Poudres			
Prix des colis livrés.			
Produit des timbres { tabacs			
{ poudres			
Total des recettes depuis le 1er janvier jusqu'au			
Total général			

Avance au 1er Janvier 18   . . . .

DÉPENSES.

	dépenses effectuées		total
	pendant les mois antérieurs.	pend. le mois courant jus' qu'à l'ép. de la ver.	des dépenses du 1er janv. au jour de la vérificat.
Versement à M. . . . . .recoveur principal des contrib. ind. à			
Versements aux recev. des financ.			
Total des dépenses depuis le 1er janvier jusqu'au			
Total général. . . .			

RÉSULTAT GÉNÉRAL.

Je soussigné. Inspecteur des finances, certifie avoir vérifié le présent état des recettes et des dépenses, tant en matières qu'en deniers et avoir reconnu les matières déclarées exister en magasin.

L'INSPECTEUR DES FINANCES,

Les valeurs existant en caisse au 1er janvier 18   étaient de . . . .   fr.   c.   fr.   c.

Les recettes effectuées du 1er janvier au   inclusivement, s'élèvent à . . . .

Les dép. acquittées pendant le même laps de temps sont de

Excédant de. . . . . .

Les espèces et valeurs détaillées au bordereau d'autre part montent à la somme de . . . .

Partant. . . . . .

Je soussigné, Entreposeur de l'arrondissement d   certifie véritable le présent état.

A   le

L'ENTREPOSEUR,

MOUILLAGE DES LIQUIDES SPIRITUEUX.

Affaiblissement par un mélange d'eau ou d'un autre spiritueux.

On suppose les deux liquides à la température de 15 degrés; si l'esprit ne l'avait pas, on en estimerait la force et le volume au moyen de la table de la FORCE RÉELLE. La délatation de l'eau peut être considérée comme nulle. On suppose l'eau très pure.

Le tableau ci-après donne le volume d'eau en litres, qu'il faut ajouter à 1000 litres d'un spiritueux pour l'affaiblir

SPIRITUEUX à ramener.	QUANTITÉ D'EAU A AJOUTER EN RAISON DU DEGRÉ A OBTENIR.						
	44 d.	45 d.	46 d.	47 d.	48 d.	49 d.	50 d.
59	352	321	292	265	237	212	187
60	375	345	315	286	259	233	208
84	952	909	867	828	789	753	717
85	977	933	891	851	812	775	739
86	1001	937	914	874	834	797	761

Ainsi pour ramener 1000 litres d'eau-de-vie de 59 d. à 49 d., il faut 212 litres d'eau, et 874 pour ramener 1000 litres de 86 d. à 47 d., mais si on avait une quantité quelconque d'esprit d'une force connue à convertir en un liquide plus faible, il faut « chercher dans ce tableau le volume d'eau nécessaire pour le mouillage de 1000 litres du même esprit; multiplier par ce volume celui de l'esprit donné, et diviser le produit par 1000. » Par conséquent, pour convertir 100 litres d'esprit à 86 d. en eau-de-vie à 50 d., on trouve dans la table au point d'intersection $761 \times 100 = 76100$, et en retranchant trois chiffres 76 litres. Quant au volume, il ne serait pas de 176, à cause de la contraction qu'éprouvent l'eau et l'esprit en se combinant, mais à peu près 1/48 de moins. En effet ce volume est égal au volume de l'esprit donné, multiplié par la plus grande force, et divisé par la plus petite :

$$1° \ 100 \text{ litres} \times \frac{86}{50} = 172 \text{ litres.}$$

Veut-on obtenir avec un esprit d'une force connue, un volume donné d'un autre liquide plus faible, on trouvera la quantité d'esprit qu'il faudrait prendre « en multipliant ce volume donné par la plus petite force, et divisant le produit par la plus grande.» Exemple:
On veut faire avec du 85 degrés 100 litres de 45 degrés :

$$2° \ 100 \text{ litres} \times \frac{45}{85} = 52 \text{ litres } 9.$$

On obtient le volume d'eau qui doit être ajouté à l'esprit, en multipliant 933 de la table par ce nombre 52 litres 9, et en divisant le produit par 1000 $= 49$ litres 3 pour le volume de l'eau du mouillage.

Du reste la pureté de l'eau influe sur les résultats : Les négociants expérimentés n'emploient que des petites eaux préparées de longue-main, procédé qui donne souvent des excédants qu'on ne saisit que dans certaines circonstances douteuses.

Le mouillage d'un spiritueux se fait aussi avec un autre liquide plus faible. Il suffit d'une règle d'alliage qui approche à 1/26 près.

« Le volume cherché de l'esprit le plus faible est égal au produit du volume de l'esprit donné par la différence de la plus grande force à la moyenne, divisé par la différence de la force moyenne à la plus petite».

On a 100 litres de 85 degrés, et on veut en faire du 50 degrés avec du 44; le volume de ce dernier qu'il faut prendre est égal à :

$$3° \ 100 \text{ litres} \times \frac{85 - 50}{50 - 44} = 583 \text{ litres.}$$

Ajouter 1/26 pour la contraction, on aura le volume réel.

Lorsque ce sera l'esprit le plus faible que l'on voudra remonter en totalité avec un esprit plus fort, on fera l'opération inverse:

$$4^o\ 583\ \text{Litres} \times \frac{50 - 44}{85 - 50} = 100\ \text{litres.}$$

Enfin, si l'on veut faire un volume donné, d'un spiritueux d'une force connue avec deux autres spiritueux, l'un plus faible, l'autre plus fort que le premier, on trouvera: 1° le volume de l'esprit le plus fort en multipliant le volume donné de l'esprit qu'on veut obtenir, par la différence de la force moyenne à la plus petite, et en divisant le produit par la différence de la plus grande force à la plus petite,» 2° le volume du spiritueux le plus faible » en prenant la différence du volume donné à celui que l'on vient de trouver.

Exemple: On veut faire 683 litres de 50 degrés avec du 44:

$$\text{Le volume de l'esprit le plus fort est égal à } 683 \times \frac{50 - 44}{85 - 50} = 100.$$

Le volume de l'esprit le plus faible est égal à $683 - 100 = 583$.

SYSTÈME MÉTRIQUE.

Il repose sur deux bases, 1° l'unité fondamentale est la distance du pôle à l'équateur: On en a pris la dix millionième partie, 2° le nombre dix est le diviseur unique. Douze mots comprennent tout ce système d'une admirable simplicité.

Cinq racines	7 Ajoutés	
Mètre unité de longueur.	Myria, dix mille. } tirés du grec.	
Litre, unité de capacité.	Kilo, mille.	
Gramme, unité de poids.	Hecto, cent.	
Are, unité de superficie.	Déca, dix.	
Stère, unité des solides.	Déci, dixième. } tirés du latin.	
	Centi, centième.	
	Milli, millième.	

En employant les noms de ces unités de mesure comme racines et les faisant précéder des ajoutés, on forme successivement toutes les autres mesures usuelles qui sont des multiples ou des sous-multiples décimaux des unités primitives et dont voici le tableau.

NOMS systématiques.	RAPPORT avec le mètre.	NOMS systématiques.	RAPPORT avec le mètre.
MESURES ITINÉRAIRES et de longueur.	MÈTRES.	POIDS.	
Myriamètre. . . .	10000 m.	Millier.	1000 Kilogram. (tonneau de mer).
Kilomètre	1000	Quintal.	100 Kilogrammes.
Hectomètre.	100	Kilogramme	Poids d'un décimètre cube, d'eau prise à 4 d. au-dessus de la glace fondante.
Décamètre	10		
Mètre.	1		
Décimètre	0 1	Hectogramme. . . .	100 Grammes.
Centimetre. . . .	0 01	Décagramme. . . .	10 Grammes.
Millimètre	0 001	Gramme.	1 G. poids d'un cent^e cube d'eau.
MESURES AGRAIRES.		Décigramme	0 1 Gramme.
Hectare.	10000 car.	MONNAIES.	
Are.	100	Franc.	5 Grammes d'argent au titre de 9/10 de fin (9 d'argent et 1 de cuivre.
Centiare	1		
MESURES DE CAPACIT.		Décime.	1/10 Du franc.
Kilolitre	1 cub.	Centime.	1/100 Du franc.
Hect litre	0 1		
Décal tre	0 01	Pour les usages ordinaires, on peut composer le mètre avec.	16 pièces de 5 fr. et 15 de 2 fr.
Litre.	0 001		34 pièces de 20 fr. et 11 de 40 fr.
Décilitre	0 0001		34 pièces de 40 fr. et 8 de 20 fr.
MESURE DE SOLIDIT.		On forme 1 pied avec.	8 pièces de 5 fr. et une de 2 fr. mises en ligne droite.
Décastère.	10 stères.		
Stère.	mètre cube		
Décistère.	1/10 d. m. c.		

TABLE DE RÉDUCTION DES ANCIENNES MESURES EN NOUVELLES ET RÉCIPROQUEMENT.

Mètre vaut en	Lignes	443 296
	Pouces	36 941333333
	Pieds	3 078444444
	Toises	0 513074074074
Ligne vaut en	Millimètres	2 255829
Pouce id	Centimètres	2 706998
Pied id	Décimètres	3 248393849
Toise id	Mètres	1 9490363095
Mètre carré vaut en	Lignes carrées	195511 343616
	Pouces carrés	1364 66210844
	Pieds carrés	9 47682019753
	Toises carrées	0 263245005487
Ligne carrée vaut en	Millimètres carrés	5 08879
Pouce carré id	Centimètres carrés	7 3278213
Pied carré id	Décimètres carrés	10 552062603
Toise carrée id	Mètres carrés	3 798742537
Mètre cube vaut en	Lignes cubes	87112692 5796
	Pouces cubes	50412 43783536
	Pieds cubes	29 17386448805
	Toises cubes	0 135064187443
Ligne cube vaut en	Millimètres cubes	11 479388433
Pouce cube id	Centimètres cubes	19 83637457
Pied cube id	Décimètres cubes	34 27725526
Toise cube id	Mètres cubes	7 403887136
Kilogramme vaut en	Grains	18827 15
	Gros	261 4881944
	Onces	32 6860243
	Livres	2 0428765191
Grain poids d. m., vaut en	Grammes	0 053114784
Gros id.	Décagrammes	0 3824264427
Once id	Hectogrammes	0 303941154
Livre id	Kilogrammes	0 4895058468

La perche linéaire étant de	La perche carrée est de	
18 pieds	34 ares 189 millièm.	
19	38 093	
20	42 208	
21	46 535	
22	51 072	

En multipliant le prix du kilogramme par 0 4895, on a celui de la livre.

En multipliant le prix de la livre par 2 0429, on a celui du kilogramme.

RÉSUMÉ DE GÉOMÉTRIE.

FIGURES.	OPÉRATIONS.
Triangle	Multiplier la hauteur par la moitié de la base.
Carré	Multiplier la base par la hauteur.
Parallélogramme	
Trapèse	Multiplier la hauteur par la moitié de la somme des deux bases parallèles.
Polygone régulier	Multiplier le périmètre par la moitié de la hauteur.
Polygone irrégulier	Réduire en triangle et en faire la somme.
Cercle	Multiplier la circonférence par le 1/4 du diamètre.
Ellipse ou ovale	Multiplier les diamètres l'un par l'autre, leur produit par 11, diviser ensuite par 14. Le résultat est plus exact si on multiplie le produit des deux diamètres par 07854 rapport du cercle au carré.

Aire des figures planes.

	FIGURES.	OPÉRATIONS.
Surface convexe des solides.	Cône droit	$\times$ La circonférence de la base par la moitié de l'apothème.
	Pyramide droite	
	Cône tronqué. , ...	$\times$ Son côté par la demi-somme des circonférences.
	Prisme droit	$\times$ la circonférence de la base par la hauteur.
	Cylindre droit	
	Sphère	$\times$ Le diamètre par la circonfér. d'un grand cercle.
	Calotte ou segm. sphérique	$\times$ La hauteur par la circonférence d'un grand
	Zône sphérique.	cercle de la sphère.
Solidité ou volume des corps.	Pyramide droite	$\times$ La surface de la base par le tiers de la hauteur.
	Prisme droit	
	Cylindre droit	
	Cube	$\times$ La surface de la base par la hauteur.
	Parallelipipède.	
	Sphère	$\times$ La surface par le tiers du rayon.
	Cône tronqué.	On ramène au cylindre en prenant la moitié de la somme des diamètres inférieurs et supérieurs.
	Cône droit	$\times$ La surface de la base par le tiers de la hauteur.

Le rapport le plus exact du diamètre à la circonférence, le diamètre étant 1, est de 3 14159, et si l'on a besoin d'autres décimales, 26535 89793 23846.

Les rapports approximatifs sont :: 1 : 3 = 7 : 22 = 106 : 333 — 113 : 355.

Si le diamètre est 10, la circonférence du cercle est 31 4159 ; ce produit multiplié par le 1/4 du diamètre ou 2 50 = 78 53. En négligeant 4 décimales ; c'est la surface de la base dont on a fréquemment besoin.

EXEMPLE APPLIQUÉ A LA SPHÈRE.

Diamètre . . . , ... 100 m. 00 cent.

Circonférence en compte rond 314   15

Surface de la sphère : Produit du diamètre 100 par la circonférence d'un grand cercle 314 15 31415   00

Solidité : Produit de la surface par le tiers du rayon ou 1/16 du diamètre (16 mèt. 66 centim.) 523372   90

PREUVE PAR 9.

Elle évite bien du temps aux vérificateurs. Tout 9, ou multiple de 9 dans un des facteurs de la multiplication ou de la division, donne au produit ou au quotient un 9 ou ses multiples. La somme des chiffres du multiplicande 963, est 18 divisés par 9 = 0. 963 multiplié par 44 multiplicateur ; = 42372 égalant 18 divisés par . . . . 9 = 0.

Si on ne trouve pas 9, ou ses multiples justes, on opère sur la différence.

523 somme 10 : 9 $\times$ 1	S'il existe un reste à la division, on l'ajoute.
23 somme » » 5	
1569 produit. . . 5	145 | 12 = 3
1046	10 = 1 1 | 12 = 3
12029 somme 14 : 9 $\times$ 5.	Report . . 1 . . produit 9
Égalité. . . »	Reste 1
	Égalité. Somme. . . 10 | 9
	1 | 1

NOTA. Avec de l'habitude on ne pose pas de chiffres.

JAUGEAGE. — 1er §.

Jauger, est l'art de trouver la capacité d'un vase.

On s'exagère les difficultés du jaugeage: Un peu d'attention suffit. Pour les bacs et vaisseaux à angles droits, voir le mot SOLIDITÉ DU CUBE, article GÉOMÉTRIE; aucune difficulté à cet égard.

Tous les vaisseaux curvilignes sont ramenés au cylindre: Or, le cercle du diamètre du cylindre est à la superficie de son cercle, comme 14 est à 11. On a donc cette proportion : 14 : 11 :: le carré du diamètre (soit 100 — 10000) est à la superficie de son cercle — 7857; tout est là. C'est le fondement du carnet no 78 de l'Administration; il ne reste plus qu'à multiplier la surface du cercle par la hauteur pour avoir la contenance.

Il est bon de remarquer que ce rapport 11 à 14 est un peu forcé, car celui du cercle au carré n'est que de 7854 d'après le carnet, et rigoureusement de 0,7853 975/1000. l'Administration a forcé un peu pour simplifier. Mais 14 : 11 est commode et suffit dans les opérations de jaugeage, si l'on n'a pas le carnet, et un employé doit pouvoir s'en passer.

Dans toute proportion géométrique, le 4e terme s'obtient en divisant par le 1er terme le produit des deux autres appelés moyens; de sorte que le produit des extrêmes doit toujours être égal aux produits des moyens: C'est la preuve de l'opération.

Le litre d'étain est un cylindre dont le diamètre légal est de 86 millimètres et la hauteur du double.

Si l'on veut opérer rigoureusement, plusieurs choses sont à remarquer: Le diamètre, le rapport du cercle à la circonférence, la circonférence du cercle, la surface du cercle et la solidité.

1o Le diamètre est une ligne droite qui passe par le centre d'un cercle, et qui se termine de part et d'autre à la circonférence.

2o Le rapport du diamètre à la circonférence a été indiqué article GÉOMÉTRIE.

3o Quand on a multiplié le diamètre par ce rapport 1 : 3 14159. . . . . On a la circonférence du cercle, qui, multipliée par le quart du diamètre, donne la surface du cercle.

4o Il n'y a plus qu'à multiplier cette surface par la hauteur, et on obtient des millimètres, des centimètres, des décimètres, ou des mètres cubes, selon l'unité prise pour comparaison. La conversion en litres ou hectolitres est trouvée en retranchant les décimales.

EXEMPLE APPLIQUÉ AU LITRE.

PREUVE PAR 9.

```
Somme 23 : 9 = 5 . . . .        3 14159 rapport du diamètre à la circonférence.
 id.   14 : 9 = 5 . . . .            86 diamètre.
                    9
    Produit. . . 25 ─             1884954
                 7│2              2513272

Somme 34 : 9 = 7 . . . .        27017674 circonférence du cercle.
 id.    8 :     8                     215 quart du diamètre 86.
                    9
    Produit. . . 56 ─            135088370
                 2│6              27017674
                                 54035348

Somme 56 : 9 = 2 . . . .        5808799910 surface du cercle.
 id.   10 : 1 = 1                      172 hauteur du cylindre.

               2                11617599820
                                40661599370
                                5808799910
```

Somme 56 : 9 = 2 . . . . 999113584520 solidité   { Il y a tolérance dans les dimensions du litre.

Ou 99 centilitres 91/100 en négligeant 8 décimales.

Or, si on opérait par le rapport 11 à 14, on aurait 14 : 11 :: 7396 carré du diamètre 86 : 5811 × par la hauteur 172 — 99 centilitres 95/100.

Dans la pratique on simplifie encore cette formule, en décomposant 11 : 14 en 1/2, 1/4 et 1/28; c'est-a-dire, que l'on prend la moitié du produit 7376, puis la moitié de ce résultat, et enfin le septième de ce dernier nombre; on réunit ensuite ces trois parties.

Ainsi le diamètre étant 96, dont le carré est de   7396

La moitié est de	3698
La moitié de 3698 est de	1849
Le septième de 1849 est de	264
Total égal au résultat ci-dessus. .	5811

Mais tous les vaisseaux dans les brasseries, distilleries et sucreries, ne sont pas cylindriques. On ramène au cylindre par des tranches ou par le diamètre moyen. Les parois d'une tranche sont censées perpendiculaires, et elles sont courbes; voilà pourquoi on ajoute pour la courbure, savoir:

Pour les tranches de	13 cent. de h. 1 lit.		17 cent. de h. 2 lit.		25 cent. de h. 8 lit.		43 cent. de h. 47 li.	
	14	1	18	3	30	14	50	76
	15	1	19	3	35	22		
	16	2	20	4	40	33		

On peut considérer les tranches comme autant de vases supposés; on fait le calcul pour chacune en conséquence, et il ne reste plus qu'à les réunir. C'est l'objet du tableau qui suit, prescrit par la circulaire no 25, 4e division. Consulter pour les détails du jaugeage, la circulaire no 20, septembre 1810.

ÉPALEMENT MÉTRIQUE.

No des tranch.	Diam. infér. et sup. d. tranch.	Litres à corresp. aux diam. de chaque tranche.	TOTAUX	Profond. de chaq. tranche.	PRODUIT.	Réunion des produits partiels.	Moitié.	Litres à ajouter.	TOTAL général.	Empotement.	DIFFÉRENCE en plus	en m.
1	1 28	12 868	12 868	21	270 228			4				
2	1 28	12 868	31 981	16	511 696			«				
	1 56	19 113										
3	1 56	19 113	43 719	22	961 818			4				
	1 77	24 606										
4	1 77	24 606	50 053	20	1301 878	4639 326	23 20	8	23 40	23 25	« 15 »	«
	1 80	25 447										
5	1 80	25 447	49 226	17	835 842			4				
	1 74	23 779										
6	1 74	23 779	52 892	14	600 488			«				
	1 56	19 113										
7	1 56	19 113	39 219	4	156 876			«				
	1 60	20 106										

A. Voir le tableau des diamètres, page 53.

Total.......	4639 326
Moitié......	23 20
A ajouter...	20
Contenance.	23 40

S'il y avait des sommiers, il faudrait examiner s'ils sont bien droits. La contenance doit être atténuée d'autant.

Si la cuve est ronde, et que le diamètre d'en haut soit de 145, et celui d'en bas de 134, on en fait la somme, 279, et on en prend la moitié = 139 50, sur laquelle on opère. Si la cuve est ovale, on réunit les grands et les petits diamètres deux à deux, et on ramène encore au cylindre.

Grand diamètre . . {d'en haut.... 180} = 644 divisé par 4 = 161. Si on avait une ca-
{d'en bas..... 204} lotte sphérique, on en ferait la solidité, qui est
Petit diamètre... {du haut ..... 122} égale au produit de sa profondeur $\times$ la somme
{du bas........ 138} des deux résultats suivants :

1° La longueur du diamètre à l'ouverture $\times$ elle-même, par 11 et divisé par 28 ;

2° La profondeur $\times$ elle-même, par 11 et divisé par 21.

Il faut distribuer les tranches de manière à ce que les diamètres ne diffèrent pas entre-eux de plus d'un cinquième ; autrement il y aurait erreur dans le résultat.

Si le fond de la chaudière est concave ou convexe, on empotera jusqu'à ce qu'il soit entièrement recouvert, et on opérera alors comme pour les chaudières à fond plat, en tenant compte, bien entendu, de l'eau ajoutée.

JAUGEAGE DES FUTAILLES. — 2e §.

M. Dez, dans l'encyclopédie méthodique, donne la formule suivante: Prenez la différence entre le diamètre du bouge et celui des bases, puis les 3/8 de cette différence et retranchez-les du grand diamètre: Vous aurez le diamètre d'un cercle qu'il faudra évaluer; puis vous multiplierez par la hauteur du tonneau. C'est encore ramener au cylindre. Simplement on peut opérer par le diamètre réduit qui s'obtient en ajoutant le diamètre des fonds au double de celui du bouge et en divisant par trois.

Chaque degré de la jauge brisée indique un décalitre, c'est l'hypoténuse d'un triangle rectangle, dont la demi-longueur de la futaille est un côté horizontal et le diamètre du fond, un côté vertical ; mais cette jauge est rarement juste, parce qu'on suppose au tonneau une forme régulière qui lui manque souvent, surtout lorsqu'il a été rebattu. La jauge à ruban est aussi juste, et plus commode.

Voir le manuel des employés de l'octroi de Paris, où la question est approfondie.

Exemple: Le diamètre du bouge d'une futaille de champagne de 2 h. 00, d'après la loi, doit être de. . . . . 618 millimètres.
Le diamètre des fonds de . . . . . . 548.
Et la longueur intérieure de. 720

Or, 618 — 548 = 70 dont les 3/8 sont 26 : Reste donc pour le diamètre moyen 592 millimètres.

Mais en opérant comme au commencement de cet article ou en prenant dans le carnet 78 la contenance de 592, on obtient pour la surface de la base du tonneau 275254, ce qui, multiplié par la hauteur 720 = 199 litres 18/100, résultat très satisfaisant.

FUTAILLES EN FRACTION.

Il arrive que le dixième de certains vaisseaux étant considérable (jusqu'à cent-cinquante hectolitres), on a besoin, surtout pour l'alcool, d'une appréciation plus exacte que la division décimale admise par l'administration. Le tableau ci-après fait connaître le reste très approximativement, lorsqu'on connaît la contenance du fût, la hauteur du fond ou la longueur du vase, et le mouillé.

On peut opérer par le fond ou par la bonde.

Les vaisseaux sont censés construits régulièrement.

TABLEAU DE LA CONTENANCE DES FUTS EN FRACTIONS.

BONDE.

Diamèt.	Segment.	Diamèt.	Segment.	Diamèt.	Segment.	Diamèt.	Segment.	Diamèt.	Segment.
1	» 0002	21	» 1342	41	» 3792	61	» 6472	81	» 8866
2	» 0008	22	» 1449	42	» 3924	62	» 6603	82	» 8966
3	» 0021	23	» 1559	43	» 4057	63	» 6734	83	» 9064
4	» 0041	24	» 1671	44	» 4191	64	» 6863	84	» 9159
5	» 0070	25	» 1784	45	» 4325	65	» 6992	85	» 9251
6	» 0110	26	» 1899	46	» 4460	66	» 7120	86	» 9339
7	» 0158	27	» 2016	47	» 4595	67	» 7247	87	» 9424
8	» 0215	28	» 2136	48	» 4730	68	» 7373	88	» 9505
9	» 0277	29	» 2256	49	» 4865	69	» 7498	89	» 9582
10	» 0345	30	» 2378	50	» 5000	70	» 7622	90	» 9655
11	» 0418	31	» 2502	51	» 5135	71	» 7744	91	» 9723
12	» 0495	32	» 2627	52	» 5270	72	» 7864	92	» 9785
13	» 0576	33	» 2758	53	» 5405	73	» 7984	93	» 9842
14	» 0661	34	» 2880	54	» 5540	74	» 8101	94	» 9890
15	» 0749	35	» 3008	55	» 5675	75	» 8216	95	» 9930
16	» 0841	36	» 3137	56	» 5809	76	» 8329	96	» 9959
17	» 0936	37	» 3266	57	» 5943	77	» 8441	97	» 9979
18	» 1034	38	» 3397	58	» 6076	78	» 8551	98	» 9992
19	» 1134	39	» 3528	59	» 6208	79	» 8658	99	» 9998
20	» 1236	40	» 3660	60	» 6340	80	» 8764	100	1 0000

FOND.

Hauteur.	Segment.	Hauteur.	Segment.	Hauteur.	Segment.	Hauteur.	Segment.	Hauteur.	Segment.
1	» 0088	21	» 1948	41	» 4006	61	» 6209	81	» 8247
2	» 0176	22	» 2046	42	» 4115	62	» 6316	82	» 8344
3	» 0265	23	» 2145	43	» 4224	63	» 6422	83	» 8440
4	» 0354	24	» 2244	44	» 4333	64	» 6527	84	» 8536
5	» 0444	25	» 2344	45	» 4443	65	» 6632	85	» 8631
6	» 0534	26	» 2444	46	» 4554	66	» 6737	86	» 8726
7	» 0625	27	» 2545	47	» 4665	67	» 6841	87	» 8820
8	» 0716	28	» 2646	48	» 4776	68	» 6941	88	» 8914
9	» 0808	29	» 2748	49	» 4888	69	» 7047	89	» 9007
10	» 0900	30	» 2850	50	» 5000	70	» 7150	90	» 9100
11	» 0993	31	» 2958	51	» 5112	71	» 7252	91	» 9192
12	» 1086	32	» 3056	52	» 5224	72	» 7354	92	» 9284
13	» 1180	33	» 3159	53	» 5385	73	» 7455	93	» 9375
14	» 1274	34	» 3263	54	» 5446	74	» 7556	94	» 9466
15	» 1369	35	» 3368	55	» 5557	75	» 7656	95	» 9556
16	» 1464	36	» 3473	56	» 5667	76	» 7756	96	» 9646
17	» 1560	37	» 3578	57	» 5776	77	» 7855	97	» 9735
18	» 1656	38	» 3684	58	» 5885	78	» 7954	98	» 9824
19	» 1753	39	» 3791	59	» 5994	79	» 8052	99	» 9912
20	» 1850	40	» 3898	60	» 6102	80	» 8150	100	1 0000

EXEMPLE :

Sur un vaisseau couché de 9 h. 00 litre, dont la hauteur du fond est 90 centimètres et le mouillé 44 centimètres:

Si le fond avait 100 centimètres, tous les centimètres de la table correspondraient au nombre de litres restants, et on aurait à 20 centimètres, 1236 litres sur un vaisseau de 10,000 litres ; à 40 centimètres 3,660 litres, etc, etc.

Il faut donc multiplier le mouillé 44 par 100 = 4400, et diviser le produit 4400 par la hauteur totale 90 = 48 88/100 ou 49. Or, 49 répondent dans la table à 4865 qui, multipliés par la contenance totale 9 h. 00 litre = 4 h. 38 litres, en forçant de 15/100.

La théorie serait trop longue à expliquer.

TABLE DES DIMENSIONS A DONNER AUX FUTAILLES,

D'après le système métrique, et qu'on peut vérifier par le procédé de M. DEZ.

	Longueur intérieure	Diamètre du bouge	Diamètre des fonds
Les proportions des pièces bordelaises sont comme les nombres	11	9	7 7/8
Pièces mâcon.ses	10	9	8 »
D'après l'instruct. de pluviose an 7, le rapport des nombres devrait être de	10 1/2	9	8 »

C'est d'après ce principe que la table ci-contre a été construite, mais la loi est à faire pour astreindre les fabriques à ces dimensions.

CONTENANCE des pièces.	en litres.	Longueur intérieure	Diamètre du bouge	Diamètre des fonds	Procédé Dez, en hectolitres.
Demi-hect.	50	454	389	343	
	75	520	445	395	
Hectolitre.	100	572	490	435	
	150	655	561	499	
Doub.-hect	200	720	618	548	1.99.18
	250	776	665	591	
	300	825	707	628	
	400	500	778	691	
Demi-kilol.	500	978	838	745	
	600	1039	891	791	
	700	1093	938	833	
	800	1144	980	871	
	900	1190	1019	908	
Kilolitre.	1000	1232	1095	933	

RENSEIGNEMENT SUR LES DISTILLERIES.

La base de l'évaluation à l'amiable du produit journalier est ce qu'il y a de plus essentiel à établir.

Mais la déclaration bien discutée n'empêche pas l'emploi des moyens de fraude; un travail de nuit lorsqu'il n'en est pas déclaré, l'emploi des macérations placées dans un lieu séparé de l'atelier, le chargement plus fort des cuves, le mélange dans ces cuves, d'une farine dont le produit en eau-de-vie est supérieur à celui de l'espèce du grain déclaré, l'anticipation dans la mise du feu, la prolongation du travail après l'heure convenue, tels sont en partie les moyens qui restent au distillateur, et que des visites fréquentes peuvent seules déjouer. Il est donc dans l'intérêt de l'administration d'obtenir que le travail soit continuel, car alors les chances de fraude sont presque nulles, la précipitation dans les travaux nuisant à la qualité de l'eau-de-vie.

Le tableau suivant guidera dans les bases d'évaluation.

NOMS des substances.	Quantités.	Produit en eau-de-vie à 50 d.	Poids des substances l'hectolitre.	Nombre de litres que contiennent 100 kilog	OBSERVATIONS.
Froment.	100 kil	48 à 54	75 à 80 k.	133	A. Y compris 1/4 d'orge qu'on y mélange p. opérer la ferment.on
Seigle.	100	40 à 45	72	138	B. Pour distiller l. marcs de raisin on y ajoute environ 1/3 d'eau, en sorte que l'alambic ne contient que les 2/3 de matière productive; le produit varie comme la qualité des récoltes, 1819, 5 p. 0/0, 1822, 6 p. 0/0, 1823, 4 p. 0/0, 1824, 3 1/2 p. 0/0, 1825, 6 à 6 1/2 p. 0/0, 1826, 4 1/2 p. 0/0, 1827, 6 à 7 p. 0/0 1828, 5 p. 0/0, 1829, 3 à 4 p. 0/0.
Orge.	100	30 à 35	70	142	C. Beaucoup de variations.
Avoine.	100	26 à 30	38 à 42	260	
Pommes de terre.	100	15 à 20 A	65	156	
Cerises.	100 lit.	12 à 15			
Prunes kouetsch.	100	9 à 19			
Prunes rondes.	100	8 à 10			
Marc de raisin.	100	5 à 6 B			
Résidus de bière.	100	3 à 4 C			

BIÈRES. — FABRICATION. — 1er §.

Indication des diverses opérations qui concourent à un brassin sur une chaudière de 30 h. 00 lit.

OPÉRATIONS.	LEUR durée
Mouillage.	....
Chauffage des eaux.	de 4 à 7 h. res
Chaudières supplémentaires.	....
Mélange d'eau Premier versement.	1/4
Mise de grain dans la cuve matière.	....
Mouiller le malt 2e versement.	de 1/2 à 1 h. et 1/2
1re Trempe.	3/4
Clarification	....
Donner avoi.	de 1 à 3 h.

Huit jours suffisent pour le mouillage du grain, sa germination, la torréfaction et la mouture.

La durée est subordonnée à la manière dont les chaudières sont montées, et au combustible employé.

L'autorisation de la régie est de rigueur (art. 121 de la loi du 28 avril 1816); ne peuvent servir qu'à chauffer les eaux nécessaires à la confection du brassin déclaré et au lavage des ustensiles. Le feu doit être éteint et l'eau vidée après la deuxième trempe, tant que la drêche n'est pas enlevée de la cuve entière; les chaudières supplémentaires doivent être surveillées. On les déclare a chaque mise de feu.

Faire couler dans la cuve-matière 3/30 environ de la contenance de la chaudière avec une addition de 4/30 d'eau froide. A Lyon et à Strasbourg, où l'humectation dure au moins huit heures, on n'emploie pas d'eau froide.

C'est jeter le grain moulu, ou malt (30 à 35 kilo sur 30 hecto) sur l'eau qui couvre le faux fond.

C'est délayer la farine avec l'eau versée dans la cuve matière, en agitant fortement le mélange; on verse ensuite 20/30 de la contenance de la chaudière: arrivée par le faux-fond et chargée de substances céréales, l'eau prend le nom de métiers.

Alors on démêle, on vagite, on souille; c'est la première trempe.

L'opération essentielle de la clarification est écartée dans les localités où l'on brasse à malt trouble.

C'est laisser couler le produit de la première trempe dans le reversoir. Pendant la durée de ces opérations, on fait chasser les eaux destinées à la deuxième trempe et au lavage.

Un point capital, est de bien distinguer les trempes par les signes propres à chacune d'elles, tels que, la couleur, le plus ou moins de substances grasses que contient encore la drêche passée sous les doigts tant qu'elle reste dans la cuve matière, etc. etc. C'est de l'habitude,

OPÉRATIONS.	LEUR durée
Troisième versement d'eau chaude.	1/4 h.
1re Trempe entrée.	.....
2e Trempe.	1/2 h.
Clarification.	1 h.
Donner avoi de la 2e trempe.	2 h.
Réserves ou métiers.	.....
Rentrée des réservoirs.	.....
Ébullition totale — bière blanch et brune	1 h.
Ébullition totale — bière blanch	6 h.
Ébullition totale — bière brune.	24 h.
Mise de houblon.	.....
Décharges partielles.	.....
Hausses mobiles.	.....
Chaudières couvertes.	.....
Repos de la bière brune.	2 h.

c'est de l'expérience qu'il faut pour exercer les brasseries avec fruit. Rien ne supplée l'expérience. On doit veiller à ce qu'il ne soit fait aucune addition de farine à la drèche après la première trempe.

Dans les brasseries à une seule chaudière, le résultat de la première trempe est mis sur le bac ou dans d'autres vaisseaux jusqu'à ce que l'eau de la deuxième trempe soit versée dans la cuve matière.

Cette eau est de 12/30 de la contenance totale; quelques brasseurs prétendent qu'il faut 15/30, les 7/30 versés pour humecter (voyez mélange), étant absorbés par la farine.

Dès que cette eau est versée, on fait couler dans la chaudière de décoction le résultat de la première trempe, puis on démèle et on touille; c'est la deuxième trempe.

On laisse clarifier.

On verse la bière dans le reverdoir et de là dans la chaudière de décoction, où elle se réunit à la première trempe. Quand l'usage du brasseur est de ne donner que deux trempes, le produit de la deuxième doit toujours rentrer dans la chaudière principale après le délai de deux heures; passé ce terme, tout ce qui, dans les autres vaisseaux, excède le vingtième, est saisissable.

L'article 109 de la loi du 23 avril 1816, porte que le produit des trempes ne peut excéder de plus d'un vingtième la capacité de la chaudière déclarée. Ainsi donc, l'administration pouvant à son gré régler l'emploi de ce vingtième, a décidé que lorsque les employés assistaient à la rentrée de la deuxième trempe, on pouvait ne pas saisir, mais faire jeter ou détériorer l'excédant. On verbaliserait en cas de refus de jeter ou détériorer, ou si le brasseur, usant trop souvent de la tolérance, on devait craindre quelqu'abus.

Elle doit être terminée au bout d'un nombre d'heures égal au tiers de l'ébullition.

Une heure suffit pour amener la bière à l'état d'ébullition; on laisse écouler le même intervalle (temps nécessaire pour amener) avant de mettre le houblon. Rien de fixe dans la durée de la cuite, qui varie de dix à vingt-quatre heures, selon les localités et le degré de la qualité à obtenir.

En Flandre l'ébullition totale, à partir de l'instant où l'on met le houblon, est de vingt-quatre heures pour la bière brune, et de six pour la blanche. La bière reste plus ou moins de temps sur le feu, selon qu'on la veut brune ou blanche.

La quantité à mettre varie comme la qualité; c'est ordinairement 3/4 de livre par hectolitre de bière (pour un hecto d'orge, un kilogramme de houblon Belge, ou un demi kilo de houblon de Bavière. Un hecto d'orge produit 150 litres de bière forte). Si le houblon est mis aussitôt la première trempe, cette manière de procéder doit éveiller la surveillance. Outre le houblon, on met pendant l'ébullition divers ingrédients pour activer la clarification; huit pieds de veau suffisent pour 30 hectolitres.

Durant l'ébullition, on ôte ordinairement les quantités qu'on veut soustraire à l'impôt; visiter les bacs et la cuve guilloire.

L'article 122 autorise les hausses mobiles, qui ne sont point comprises dans l'épalement, pourvu qu'elles n'aient pas plus d'un décimètre de hauteur, qu'elles ne soient placées qu'au moment de l'ébullition, et qu'on ne se serve pas de mortier pour les soutenir et les élever.

Après deux ou trois heures d'ébullition, la chaudière étant fermé pour que le houblon produise tout son effet, et le feu ralenti, on prétend que les remplacements sont impossibles; dans cette hypothèse la bière en métiers qu'on trouverait dans la brasserie serait présumée destinée à des extensions de brassins, ou à faire de la petite bière sans ébullition.

Jusqu'à la mise au bac (bière sur braise).

OPÉRATIONS.	LEUR durée	
Mise au bac.	1/2 h.	On doit exiger que le brassin soit mis au bac refroidissoir en une seule fois.
Paraphe des employés.	.....	Doit être apposé à la cuve et le plus bas possible aussitôt la chaudière vidée et sans attendre qu'elle ait été nettoyée. Cette marque qui a un but d'utilité marqué, se renouvelle après le nettoyage.
Bière au bac.	4 à 10 selon les sais.ˢ	C'est faire couler lentement la bière du bac, de manière qu'elle arrive claire dans la cuve guilloire; à défaut de cette cuve on se sert de la cuve matière.
Donner avoi à clair.	4 à 8 h selon l. procédés	Avec un serpentin placé dans une cuve d'eau froide, la bière reste moins de temps au bac et l'évaporation est moindre.
Laisser dans la cuve guilre.	1/4h. 1/2 h.	Avant de mettre la levure. Après avoir mis la levure.
Entonnement	.....	Puis on entonne. L'usage de certains brasseurs de laisser la bière au guillage de 12 à 20 heures, masquant souvent une fraude, doit éveiller la surveillance. Généralement ou entonne après la mise en levure; cette opération doit se faire de jour et dans les intervalles fixés par la loi (art. 26), voir page 9. Il est d'autant plus important d'assister aux entonnements, que les excédants reconnus, quoi que ne donnant pas toujours ouverture au droit de fabrication (comme ne dépassant pas le dixième de la quantité imposable, fixée par l'art. 110), ne sont pas moins passibles du droit d'octroi, puisque ce droit frappe la quantité réellement fabriquée, et qui figure à la colonne 17 du portatif 58. Toutefois, il y a divergence d'opinions à cet égard, et le compte de l'octroi est souvent suivi comme celui de la régie quant aux charges imposables.

BIÈRES. — EXERCICE. — 2ᵉ §.

Les dispositions préliminaires que nécessite la confection d'un brassin sont tellement multipliées, qu'il est impossible à l'employé, même peu familier avec l'exercice des brasseries, de ne pas prévenir toute tentative de fraude.

Lorsque les employés entrent dans une brasserie, ils ne doivent jamais négliger de s'assurer s'il y a des feux sous les chaudières; de vérifier avec soin le local où elles sont établies, la cuve matière, les bacs refroidissoirs, la cuve mouilloire, le germoir, l'étuve ou touraille et le moulin (s'il en existe dans l'établissement). Ces vérifications leur donneront lieu de reconnaître, plusieurs jours à l'avance, les brassins qui doivent être confectionnés, à en fixer l'époque, à juger du nombre et de leur force par la quantité de grain mis en préparation.

L'orge est laissée dans la cuve mouilloire pendant un espace de deux à trois jours; puis elle est mise au germoir, d'abord en tas, ensuite en couches pendant un ou plusieurs jours; elle est laissée à la touraille pendant vingt-quatre heures environ.

Rarement on la laisse plusieurs jours avant de l'envoyer au moulin; elle est moins torréfiée pour la bière blanche que pour la brune. Le grain touraillé se conserve plusieurs mois.

L'orge moulue est conservée pendant une huitaine de jours; elle est alors plus propre à servir aux trempes. (Il est cependant des brasseurs qui l'emploient au retour du moulin) Le feu ne peut être allumé sous les chaudières que pour la fabrication de la bière. (Art. 119 de la loi de 1816).

Chaque fois qu'un brasseur veut mettre le feu sous la chaudière, il est tenu d'en faire la déclaration au bureau au moins quatre heures d'avance, dans les villes et douze heures les campagnes (art. **120**). Il est donc du devoir des employés chargés de l'exercice des brasseries, de passer plusieurs fois dans la journée au bureau des déclarations, afin d'être toujours au courant des mises de feu qui peuvent y être faites.

Lorsque les brasseurs ont besoin de repasser sur les houblons qui ont servi à la confection d'un brassin, des bières altérées, connues sous les dénominations de BIÈRES TROUBLES OU NÉBULEUSES, AIGRES OU PLATES, on doit exiger que la déclaration en soit faite au bureau au moins quatre heures d'avance dans les villes et douze heures dans les campagnes. Cette déclaration, qui doit faire connaître la quantité exacte de bière à repasser et l'heure précise à laquelle elle sera jetée sur les houblons, doit être inscrite sur le registre des déclarations nº **19**, dans le blanc qui se trouve au bas de chaque case et ampliation. Lorsque cette tolérance est accordée à un brasseur, il est de rigueur que les employés soient présens à l'opération et qu'ils reconnaissent la qualité par le jaugeage et la dégustation; autrement la déclaration pourrait servir à masquer un alongement de brassin.

Quand un brasseur déclare être dans la nécessité de changer les heures de ses opérations, on ne doit pas se contenter de faire de simples annotations irrégulières au registre nº **19**, sur la déclaration primitive: la régie a établi comme règle invariable qu'en pareil cas il serait fait une nouvelle déclaration, que l'ampliation de la première serait rapportée par le brasseur, et qu'elle serait annulée, bâtonnée et rattachée à la souche du registre, avec une mention indicative du numéro de la dernière déclaration et de l'heure de la remise de la première, afin de s'assurer si le brasseur n'en aurait pas déjà fait usage.

Toute brasserie en activité portera une enseigne sur laquelle sera inscrit le mot BRASSERIE (art. **124**).

La marque particulière du brasseur doit être empreinte sur les tonneaux (même art.), et l'empreinte déposée au bureau de la régie.

Les particuliers qui ne brassent que pour leur consommation sont assujettis aux mêmes obligations que les brasseurs de profession, excepté au paiement de la licence (art. **128**).

Les bières destinées à être converties en vinaigre, sont assujetties au droit de la fabrication (art. **115**).

Les employés étant autorisés à vérifier dans les bacs et cuves, ou à l'entonnement, le produit de la fabrication de chaque brassin, ils doivent toujours être porteurs d'un extrait des procès-verbaux d'épalement nº **57**, et du mètre.

Toute excédant à la contenance brute de la chaudière doit être saisi; un excédant de plus d'un dixième supposera en outre la fabrication d'un brassin non déclaré.

Il n'y a pas lieu à saisir les excédants sur la contenance nette. Seulement on les soumet au droit s'ils dépassent le dixième de cette contenance. La différence est constatée par un acte motivé au portatif, à moins d'autorisation spéciale de la régie.

On ne peut faire usage que de chaudières de 600 litres et au-dessus. L'usage des chaudières qui ne seraient pas fixées à demeure est défendu (art. **116**).

Les brasseurs ne peuvent faire aucun changement qui tendrait à modifier ou altérer la contenance des chaudières et bacs, sans en avoir fait la déclaration vingt-quatre heures d'avance (art. **118**), voir le tableau des contraventions.

Quelques brasseurs déclarent deux brassins à peu de distance l'un de l'autre; ils avancent l'un, ils retardent l'autre, et tentent d'exécuter dans l'intervalle un brassin non déclaré: le moyen de prévenir cette fraude est d'assister exactement aux opérations préliminaires pour juger si elles sont anticipées, et d'examiner si l'entonnement est déclaré ou fait à l'heure convenable.

Lorsque les brasseurs travaillent en bière brune, il arrive quelque fois qu'ils COULENT un brassin de bière blanche, et ils y parviennent en activant la fabrication. Les trempes données pendant le jour peuvent servir à faire de la bière blanche qui peut être mise au bac le soir et entonnée la nuit: De nouvelles trempes sont alors données si rapidement, immédiatement après que la chaudière est déchargée, que le lendemain matin on trouve la chaudière en ébullition comme la veille au soir. A force de calorique, il est possible de donner à cette bière le dégré de la cuisson nécessaire; seulement elle est un peu moins brune, la chaudière ne pouvant être couverte assez long-temps. Pour parer à cette fraude, il faut visiter souvent, la nuit, les brasseries en activité, examiner le matin l'état de la chaudière, celui de tous les ustensiles de la brasserie et les bières dans tous les tonneaux parsemés assez ordinairement dans l'atelier; ces différentes vérifications conduisent naturellement à découvrir la fraude, si elle est pratiquée.

Les employés doivent, à chaque visite, indiquer dans un visa mis au dos de l'ampliation de mise de feu, à quel point a été trouvé le brassin, ainsi que l'heure précise de leur exercice ; ils doivent visiter ces établissements à diverses époques du brassin et non pas seulement à l'heure déclarée pour la mise de feu et à celle indiquée pour l'entonnement, comme il arrive trop souvent. On doit, autant que possible, assister à la donnée des trempes, régler les métiers, faire des recherches dans les dépendances de la brasserie pour découvrir les soustractions ; mesurer à l'aide du mètre, la quantité de bière qui se trouve sur les bacs ou dans les cuves, et rapprocher le résultat de cette opération de la contenance de la chaudière déclarée.

L'exercice doit s'attacher à observer les brasseurs qui déclarent des mises de feu pour des heures telles, que les opérations les plus importantes DOIVENT OU PUISSENT S'EFFECTUER PENDANT LA NUIT. Par exemple, et principalement, la mise du grain dans la cuve matière ; la mise de feu pour les trempes ; la mise au bac, le guillage et même l'entonnement, quoiqu'il ne puisse avoir lieu que PENDANT LE JOUR. A cet effet, les employés doivent se porter pendant la nuit dans les brasseries en activité, ainsi qu'ils y sont autorisés par l'art. 235.

Les moyens frauduleux dont se servent le plus fréquemment les brasseurs, consistent à devancer de quelques heures le moment de la mise de feu qu'ils déclarent pour la nuit. Par l'abondance du combustible et la manière de diriger son action, ils poussent promptement les eaux au degré de chaleur nécessaire pour donner les trempes ; ils peuvent aisément donner la deuxième à l'heure à laquelle ils devraient seulement commencer la première, et, trompant ensuite les employés peu clairvoyants sur la véritable situation de leur brasserie, ils se ménagent le moyen de préparer des extensions de brassin ou de la petite bière.

L'empotement des vaisseaux et chaudières dans les brasseries est la seule manière légale d'en constater la capacité.

L'opération métrique doit être consignée sur un registre conforme au n° 16 de la circulaire n° 25, 4e division (voir jaugeage), et ne doit servir que de moyen de vérification. L'épalement par empotement sera regardé comme bien fait, quand son résultat ne différera pas de plus de 2 pour 0/0, de celui du jaugeage métrique.

Lorsque le résultat d'un nouvel épalement surpassera de 5 pour 0/0 celui de l'ancien, on exigera le rappel des droits pour toutes les fabrications qui ont eu lieu depuis le jour correspondant de l'année précédente à celui où a été fait le réépalement. Si l'excédant de contenance donnée pour le réépalement n'était pas de plus de 5 pour 0/0, il ne serait rien changé aux comptes des mois précédents, mais le mois où il aura été fait sera réglé d'après la nouvelle contenance constatée.

Avant de procéder au jaugeage métrique ou au réépalement, les employés doivent avoir soin de demander aux brasseurs s'ils n'ont rien changé à leurs chaudières, et de constater leurs réponses dans le procès-verbal : Précaution importante, car s'il n'y a point eu de changement dans le cas de l'excédant de 5 pour 0/0, il y a lieu à rappel d'un an ; et s'il y a eu changement sans déclaration, on doit verbaliser.

PETITE BIÈRE.

D'après l'article 8 de la loi du premier mai 1822, les brasseurs sont autorisés à faire de la petite bière soumise au droit de 60 centimes par hectolitre, pourvu qu'avec la même drèche il ait été préalablement fabriqué un brassin de bière forte et que la drèche du brassin ait subi au moins deux trempes. L'exercice doit tenir fortement à l'accomplissement de ces conditions, et exiger en outre que les brasseurs déclarent l'heure à laquelle les trempes de chaque brassin seront données. On doit veiller à ce que dans le brassin de petite bière on ne fasse entrer une portion quelconque des matières résultant des trempes données pour le premier brassin, et qu'il ne soit fait aucune addition ni remplacement de drèche. Le second brassin ne peut excéder en contenance le brassin de bière forte.

S'il est fabriqué plus de deux brassins avec la même drèche, le dernier seulement sera considéré comme petite bière.

A défaut d'accomplissement des conditions ci-dessus, tout brassin sera réputé de bière forte et imposé à la taxe de 2 fr. 40 centimes.

La petite bière faite sans ébullition avec de l'eau froide jetée sur les marcs qui ont déjà servi à la fabrication des brassins déclarés, est exempte du droit, pourvu qu'elle n'excède pas le huitième d'un des brassins précédemment fabriqués, et qu'en sortant de la cuve matière elle soit livrée de suite et sans mélange à la consommation (art. 114). Elle serait assujettie aux droits si, quoique faite avec de l'eau froide, on la passait dans les bacs refroidissoirs, sur le houblon et ensuite dans la cuve guilloire (arrêt du 14 mars 1816).

RÉSUMÉ.

L'exercice des brasseries se réduit à peu de chose, si le service saisit l'instant favorable pour rendre ses visites utiles. L'efficacité des moyens mis à la disposition des employés dépend MOINS ENCORE DE L'ACTIVITÉ de la surveillance, QUE DU DISCERNEMENT apporté dans le choix du moment où elle doit s'exercer, ou des parties de fabrication que l'on se propose de suivre. Ainsi par exemple, l'exactitude de l'épalement des chaudières, cuves et bacs; la défense d'établir des hausses fixes; l'accomplissement des conditions mises à l'usage d'une chaudière supplémentaire; la vérification du produit total des trempes; l'interdiction absolue de tout excédant supérieur à 5 pour 0/0, de la contenance brute de la chaudière, comme de toute réserve dont l'existence se prolongerait au-delà du tiers de la durée de l'ébullition de la bière; l'exacte vérification du produit ostensible de chaque brassin; le soin de constater et de soumettre aux droits les excédants qui s'en trouveraient passibles aux termes de l'art. 111; la recherche et la saisie de toute quantité de bière provenant de décharges anticipées; enfin et plus particulièrement, l'exécution pleine et entière de l'art. 8 de la loi du premier mai 1822, qui ne reconnaît comme petite bière que celle fabriquée avec la drèche qui a déjà servi pour un brassin de bière forte et lorsque deux trempes au moins, ET DEUX TREMPES BIEN DISTINCTES, ont été données pour ce brassin, aux heures indiquées par la déclaration de mise de feu: Tels sont les objets dont il importe le plus de s'occuper dans les visites de jour comme dans celles nocturnes, autorisées par l'art. 235 de la loi de 1816 (circulaires nos 2, 13 et 14).

ABONNEMENT.

Les brasseurs peuvent être abonnés dans les villes de 30,000 âmes et au-dessus; dans ce cas, ils sont dispensés de la déclaration des mises de feu; mais ils doivent les inscrire au moment où elles ont lieu, sur un registre coté et paraphé (art. 130). L'art. 135 ne donne à la régie que le droit de s'assurer, par la vérification des quantités, de l'exécution de l'obligation ci-dessus imposée aux brasseurs dans la vue d'un point de comparaison, pour les abonnements subséquents.

MARCHANDS EN GROS.

Le compte d'un Marchand en gros est simple ou composé: Dans les deux cas il présente une des quatre nuances suivantes, appliquées à un exercice.

COMPTE SIMPLE.

1er TRIMESTRE.

BALANCE.

Manquant brut de l'arrêté. 10 h. 00
—   du 15 février   5   00
Total des manquants 15   00
Déduction acquise. 15   00

Balance . . . .   »   »

Dans ce cas on ne pousse pas le compte plus loin.

Pour obtenir la déduction on multiplie la différence du produit des multiplications par le taux de la déduction et on en divise le prod. par 3⁵0, la division étant déjà faite aux colonnes 5 et 25 du portatif 50 A.

On suppose le compte ouvert le premier janvier ou réglé le 31 décembre.

2e TRIMESTRE.

EXCÉDANT DE DÉDUCTION.

Manquant brut de l'arrêté. 15 h. »
—   du 10 avril. .   5   »
—   du 25 mai . . 10   »
—   antérieurs . . 15   »
Total des manquants. . 45   »

déduction. { Acquits sur 180 jours . . . 40 00 / A courir s. 180 j. et s.1000 h / reste . . . . 85 00 } 75   »

Excédant de déduction. . 80   »
On a la déduction à courir en multipliant la quantité restant en magasin, par le nombre de j.   1000 00
à courir jusqu'au   180
31 décemb. (ou par   8000000
la différ. d. jours   100000
écoulés à 3⁵0), puis   18000000
ce produit par le   7
taux de la déduct.,   125000000 | 38000
(soit 7) divisé par   180 | 35 00
38000   0000

3e TRIMESTRE.

MANQUANT EXTRAORDINAIRE.

Manquant brut de l'arrêté.   0 h. 00
—   du 17 juillet . 10   00
—   antérieurs . . 45   00
Total des manquants . . 55   00

déduction. { Acquise sur 270 jours . . . 45 » / A courir s. 90 j. et s. 100 00 / reste en m. 1 75 } 46   75

Manquant extraordinaire   8   25
100 00
90
900000
7
6300000 | 36000
270 | 1 75
180

Le manquant extraord. n'empêche pas la formation d. l'état d. manquants provisoires à consigner sur le registre n⁰ 52 c, si le lieu est sujet aux entrées, et 52 B dans les lieux sujets.

4e TRIMESTRE.

ACCUMULATION DES MANQUANTS.
COMPTE FINAL.

Manq. brut d. l'arrêté final 50 h. 00
—   du 25 octobre . 10   00
—   antérieurs. . . 55   00
Total d. manq. d. l'exerc. 115   00
Déduct. acquise p. l'année 85   00
Manquant passible. . . . 50   00
Sur lequel il a été payé au
3e trimestre 8   00
Manquant net passible. . 41   75

Ici la déduction s'obtient comme il est dit au premier trimestre.

Nota. On reporte de trimestre en trimestre y compris le 3e, le manq. brut avec les manq. extraord. à droit. du compte et la date du réglement du compte à gauche du portatif 50 A.

En reportant toujours les manq. antérieurs le compte est clair et on connait en fin d'année la situation réelle de chaque marchand en gros, sous tous les rapports.

COMPTE A PLUSIEURS MAGASINS.

COMPTE A PLUSIEURS MAGASINS.

S'il existe plusieurs magasins, on les réunit non seulement en fin de trimestre, mais à chaque recensement intermédiaire; car la compensation a lieu pour les manquants extraordinaires à chaque recensement, comme en fin d'année sur les manquants ordinaires.

En cas d'excédant brut il est nécessaire de balancer chaque compte partiel; d'un autre côté moins de reports; moins d'erreurs et la balance se simplifie: voilà pourquoi on ne reporte ici ni charges ni sorties, ni produits des multiplications.

BALANCE GÉNÉRALE. — 2e *Trimestre.*

PRODUIT DES MULTIPLICATIONS.

Différence représentant une quantité restée un seul jour en magasin, dans les comptes nos.				
1	300 f. 00 c.	fo 4
2	500 00	fo 9
3	150 00	fo 15
4	50 00	fo 24
TOTAL.	1000 00	

Dont la déduction acquise sur 180 jours est de 19 44.

NOTA. Le compte a été réglé le 31 décembre.

MANQUANT brut du 1er compte	32 f 00 c.
— du 2e id	5 00
— du 3e id	1 00
— du 4e id	2 00
— antérieur	40 00
TOTAL.	80 00

Déduction acquise sur 180 jours 19 44

Reste en magasin.
1er Compte folio 4 . . . . 90 "	1000 h. 00 dont la déduction à courir sur 180 jours est de 33 00	54 44
2e id. id. 9 . . . . . . 100 "		
3e id. id. 15 . . . . . . 500 "		
4e id. id. 24 . . . . . . 310 "		

MANQANT extraordinaire à percevoir 25 56

LIQUORISTES MARCHANDS EN GROS.

Lorsque l'on procède à un recensement, on commence par arrêter et balancer le compte d'alcool si le résultat de la balance le DOIT RESTER comparé avec le RESTE RÉEL (dans lequel sont compris les quantités d'alcool estimées, contenues dans les infusions, esprits aromatisés, etc, etc), fait ressortir un manquant, on émarge ce manquant brut dans les sorties et, après l'avoir converti en liqueurs dans la proportion légale de 40 pour 0/0, on le porte aux charges des liqueurs fabriquées. On arrête alors le compte des liqueurs; et selon que la balance fait ressortir un manquant ou un excédant, on le passe aux sorties ou on le prend en charge comme excédant de fabrication. Ce mode simplifie les écritures : Plus de compte séparé pour les infusions, plus de décharges à faire pour cet objet au compte de l'alcool, plus de déduction à appliquer aux manquants en alcool qui, aussitôt qu'ils sont constatés, passent aux sorties et sont transportés en entier aux charges des liqueurs (lettre de l'administration no 5809, 4 octbre 1833).

COMPTE D'ALCOOL, N° 1er.

Charges	30 h.	37
Sorties	18	90
Doit rester	18	40
Reste { en nature . . . . 14 30 } { dans les infusions } { et esp. arom. f. (1) 2 00 }	16	30
Manquant brut (1 bis)	2	10

Calcul pour obtenir la déduction.

Multiplications des entrées	»	»
id. des sorties	»	»
Différence représentant etc.	»	»
Déduction à allouer	»	40 (2)

COMPTES DES LIQUEURS, N° 2.

Charges anciennes	24 h.	75
Produit de la conversion du manquant, constaté par recenst. de ce jour au compte d'alcool	5	25
Total des charges	30	00
Sorties	15	74
Doit rester	14	26
Restes	10	16
Manquant brut (3)	4	10

Calcul pour obtenir la déduction.

Multiplications des entrées	»	»
id. des sorties	»	»
Différence représentant etc.	»	»
Déduction à allouer	»	30

BALANCE GÉNÉRALE, N° 3.

	EXCÉDANTS.		MANQUANTS.	
Résultat du décompte ci-contre	»	»	4	10
Manquant et excédant constatés antérieurement (4)	3	»	2	20
Totaux	3	»	6	30
Manquant définitif			3	30
Déduction au présent compte . . . » h. 30 }			1	30
Déduction du compte d'alcool (40 l.), formant en liqueurs 1 »				
Manquant net, passible des droits			2	00

(1) C'est le relevé des vaisseaux servant aux infusions et aux préparations dont il est parlé plus haut.

(1 bis) Ce manquant doit être émargé en sorties et converti en liqueures pour 5 h. 25 l.

(2) Consigné ici pour mémoire.

(3) À émarger dans les sorties. Si la différence au contraire était un excédant, on le prendrait en charge comme excédant de fabrication

(4) On suppose que des recensements précédents ont fait ressortir tantôt les excédants tantôt les manquants qui composent ces quantités. Ces excédants et ces manquants, portés dans les charges et les sorties, ont concouru à former les totaux 24 75 et 15 74, qui servent de point de départ au présent décompte.

RELATIVEMENT A LA PROPORTION DE L'ALCOOL EMPLOYÉ DANS LA FABRICATION , IL NE PEUT Y AVOIR QUE TROIS CAS D'OPÉRATION.

Exemple :

INDICATION.	ALCOOL employé dans la fabrication d'une période.	PRODUIT total de la fabrication représentée, y comp. les excéd. de fabrication ou les manq. bruts.	Mais la loi accorde 40 p. 100 comme terme moyen dans toutes confections de liqueurs.	Il en résulte que lorsque le prod. de la fabricat. est égal à 40 p.0/0, il n'y a ni excéd. de fab., ni manq. à const.; mais		Ces différents résultats modifient donc ainsi le taux pour 100 des fabrications.
				si ce prod n'atteint pas 40 p. 0/0 il y a excéd. de fabricat.	si ce prod dép. cette b. d. 40p. 0/0, il y a m. à c. prov.nt A	
	h. l.	h. l.	h. l.	h. l.	h. l.	h. l.
Ou le fabriquant a employé 40 pour 0/0, 1er cas . .	» 40	1 »	1 »	» »	»	» 40
Ou moins, 2e cas	» 20	1 »	» 50	» 50	» »	» 20
Ou plus, 3e cas	» 40	» 50	1 »	» »	» 50	» 80
Totaux au 31 décembre, d'où il résulte compensation entre les excédants et les manquants	1 00	2 50	2 50	» 50	» 50	» 40
				BALANCE.		

A Depuis la loi du 20 juillet 1837, la balance générale n° 3, doit présenter et la déduction courue et celle à courir sur les quantités restantes ; la différence entre la somme de ces déductions et le manquant brut est tiré comme manquant extraordinaire (art. marchand en gros).

Il est essentiel de remarquer que les quantités sur lesquelles porte la déduction à courir, doivent être converties en liqueurs dans la balance.

DENSITÉ DES LIQUIDES

EN GRAMMES POUR UN LITRE OU DÉCIMÈTRE CUBE.

L'air est 1/170 d. l'eau 1/10466 du mercure.

LIQUIDES.

L'eau pure à la température de zéro étant pour 1

Eau de la mer . . .	1 026
Eau de la mer morte	1 240
Eau de puits	1 006
Eau de rivière . . .	1 012
Eau bouillante	» 970
Eau glacée	» 930
Vin de Bordeaux . .	» 994
Vin d'Orléans. . . .	» 991
Vin de Bourgogne .	» 990
Vin de Mâcon. . . .	» 983
Vin d'Anjou et Champ	» 978
Poids commun d. vin	» 988
Raisin l'hecto . . .	— 75 ko
Vinaigre yroligueux	1 017
Vinaigre ordinaire .	1 024
Vinaigre d'Orléans .	1 028
Bière	1 026
Bière ordinaire . . .	1 021
Alcool absolu	» 792

ESPRITS.

à 90 dégrés	
à 89 id	
à 88 id . . . . , .	
à 87 id	» 850
à 86 id	» 854
à 85 id	» 857
à 84 id	» 860

EAU-DE-VIE FORTE.

à 61 dégrés	» 911
à 60 id	» 914
à 59 id	» 916
à 58 id	» 919

EAUX-DE-VIE ORDINAIRES.

à 51 dégrés	» 932
à 50 id	» 934
à 49 id	» 936
à 48 id	» 938
à 47 id	» 940
à 46 id	» 943
à 45 id	» 945
à 44 id	» 947

TARE DES FUTAILLES VIDES, EW.

	h.	k.
Pièce de cognac de..	297	61
Pipe id. de..	500	87
Montpellier ew. . . .	615	99
id. esprits.	613	117
Pièce de.	630.	
id.	640	
id.	950	

GARANTIE.

Ce petit tableau suffira aux vérifications ordinaires des employés du service actif.

DÉSIGNATIONS.		POINÇON DE TITRE et de garantie.
Or...	petite garantie : Paris.....	Tête d'aigle.
	grosse garantie : Départements.	Tête de cheval.
	Paris et l. dép.ˢ	Tête d. méd. grec
Argent	petite garantie : Paris......	Tête de sanglier.
	grosse garantie : Départements.	Crabe.
	Paris et l. dép.ˢ	Tête de Minerve.
Recense, or et argent..	petite garantie	Dogue.
	Grosse garantie	Tête de girafe.
Horlogerie.......	Française...	Poinç. ord. de la g. g. or et argent
	Étrangère...	Chimère.
Chaîne d'or, de décimètre en décimètre.		T. de rhinocéros
Chaîne d'argent id.		Poinç. d. p. g.tie
Matières d'or et d'argent provenant de l'étranger.............		Charançon.
Matières d'or et d'argent provenant des ventes publiques..........		Poinç. ordin. ▲

OBSERVATIONS.

Le poinçon garantit le titre. Le vermeil reçoit le poinçon de l'argent.

Le cuivre doré ne doit rien.

Le plaqué d'argent a un poinçon carré avec un chiffre indicateur du titre.

Le poinçon du fabricant doit être insculpé à la préfecture.

Les objets fabriqués doivent être marqués avant d'être achevés.

Le tableau prescrit par la loi du 19 brumaire an 6, doit être affiché chez tous les assujettis de la garantie; l'administration les fournit.

Toutes les montres déposées doivent être inscrites.

Les montres neuves ou vieilles appartenant à l'horloger doivent être poinçonnées; mais celles en raccommodag. ne sont pas saisissables à défaut du poinçon de garantie.

▲ Si le poinçon de garantie ou de recense existe, rien à faire. Dans les autres cas, envoyer au contrôle.

INTERPRÉTATION DU § 42, DE L'INSTRUCTION N° 222,

Relative à la décharge des acquits à caution lorsque ces expéditions présenteront des différences en plus ou en moins avec leurs chargements, et que les boissons y mentionnées auront été expédiées par des assujettis à d'autres assujettis.

Différence en plus ou en moins	Des quantités d'alcool provenant seulement d'erreur des buralistes dans les multiplications d. quantités d'eaux de-vie par leurs dégrés.	Faire ressortir la différ. en plus ou en moins, dans le cadre étab. au dos d. l'acq. Décharg. d. l. qant. recon.
Différence en plus...	Pour des petites quantités qui n'auront point motivé la saisie du charg.	Idem.
Différence en moins	Qui dépasserait la quantité reconnue, réunie à celle allouée pour déchet et coulage de route.	Décharg. du total de la q. recon. réunie à celle allouée pour creux de route. Faire ressortir la différ. en moins.
Différence en moins	Sur la quantité reconnue et qui ne dépasserait point celle allouée pour le coulage de route.	Point de différence à établir dans le cadre. Décharg. de la quant. portée d. l'acq.

Acquit.....	100 h.	
Reconnu....	90	
Creux......	5	
Total...	95	
Différence....	5 ▲	

▲ Qui ne motive pas la saisie du chargement : 6 h. la motiverait, à moins d'autorisation supérieure. Pour les creux on suit les usages du commerce.

TABLE DES CARRÉS, DES CUBES ET DES CERCLES, D'APRÈS LES CÔTÉS, DIAMÈTRES ET CIRCONFÉRENCES.

CÔTÉ OU DIAM.	SURFACE du CARRÉ.	SOLIDITÉ du CUBE.	CIRCONFÉRENCE du CERCLE.	SURFACE du CERCLE.	CÔTÉ OU DIAM.	SURFACE du CARRÉ.	SOLIDITÉ du CUBE.	CIRCONFÉRENCE du CERCLE.	SURFACE du CERCLE.
1	1	1	3 142	0 785	51	2601	132 651	160 221	2042 820
2	4	8	6 283	3 142	52	2704	140 608	163 363	2123 715
3	9	27	9 425	7 069	53	2809	148 877	166 504	2206 184
4	16	64	12 566	12 566	54	2916	157 464	169 646	2290 217
5	25	125	15 708	19 635	55	3025	166 375	172 788	2375 823
6	36	216	18 850	28 274	56	3136	175 616	175 929	2463 009
7	49	343	21 991	38 485	57	3249	185 193	179 071	2551 758
8	64	512	25 143	50 265	58	3364	195 112	182 212	2642 080
9	81	729	28 274	63 617	59	3481	205 179	185 354	2733 971
10	100	1 000	31 416	78 540	60	3600	216 000	188 496	2827 433
11	121	1 331	34 558	95 033	61	3721	226 981	191 637	2922 466
12	144	1 728	37 699	113 097	62	3844	238 328	194 779	3019 071
13	169	2 197	40 841	132 732	63	3969	250 047	197 920	3117 245
14	196	2 744	43 982	153 938	64	4096	262 144	201 062	3216 992
15	225	3 375	47 124	176 715	65	4225	274 625	204 204	3318 307
16	256	4 096	50 265	201 062	66	4356	287 496	207 345	3421 186
17	289	4 913	53 407	226 980	67	4489	300 766	210 487	3525 652
18	324	5 832	56 549	254 469	68	4624	314 432	213 628	3631 681
19	361	6 859	59 690	283 529	69	4761	328 509	216 770	3739 281
20	400	8 000	62 832	314 159	70	4900	343 000	219 911	3848 451
21	441	9 261	65 973	346 361	71	5041	357 911	223 053	3959 192
22	484	10 648	69 115	380 132	72	5184	373 248	226 195	4071 501
23	529	12 167	72 257	415 476	73	5329	389 017	229 336	4185 387
24	576	13 824	75 398	452 389	74	5476	405 224	232 478	4300 840
25	625	15 625	78 540	490 874	75	5625	421 875	235 619	4417 866
26	676	17 576	81 681	530 020	76	5776	438 976	238 761	4536 458
27	729	19 683	84 823	572 551	77	5929	456 933	241 903	4656 620
28	784	21 952	87 965	615 752	78	6084	474 552	245 044	4778 361
29	841	24 389	91 106	660 520	79	6241	493 039	248 186	4901 661
30	900	27 000	94 248	706 858	80	6400	512 000	251 327	5026 541
31	961	29 791	97 389	754 768	81	6561	531 441	254 469	5153 009
32	1024	32 768	100 531	804 248	82	6724	551 368	257 611	5281 018
33	1089	35 937	103 673	855 297	83	6889	571 787	260 752	5410 599
34	1156	39 304	106 814	907 920	84	7056	592 704	263 894	5541 770
35	1225	42 875	109 956	962 114	85	7225	614 125	267 035	5674 501
36	1296	46 656	113 097	1017 875	86	7396	636 056	270 177	5808 805
37	1369	50 653	116 239	1075 210	87	7569	658 503	273 319	5944 679
38	1444	54 872	119 381	1134 115	88	7744	681 472	276 460	6082 115
39	1521	59 319	122 522	1194 590	89	7921	704 969	279 602	6221 134
40	1600	64 000	125 664	1256 637	90	8100	729 000	282 743	6361 720
41	1681	68 921	128 805	1320 254	91	8281	753 571	285 885	6503 877
42	1764	74 088	131 947	1385 442	92	8464	778 688	289 027	6647 610
43	1849	79 507	135 089	1452 201	93	8649	804 357	292 168	6792 909
44	1936	85 184	138 230	1520 529	94	8836	830 584	295 310	6939 780
45	2025	91 125	141 372	1590 435	95	9025	857 375	298 451	7088 217
46	2116	97 336	144 513	1661 903	96	9216	884 736	301 593	7238 232
47	2209	103 823	147 655	1734 945	97	9409	912 673	304 735	7389 812
48	2304	110 592	150 796	1809 558	98	9604	941 192	307 876	7542 964
49	2401	117 649	153 938	1885 741	99	9801	970 299	311 018	7697 681
50	2500	125 000	157 080	1963 495	100	10000	1000 000	314 159	7853 975

La division décimale des nouvelles mesures rend précieuse cette table, extraite de l'excellent ouvrage de M. Tarbé, sur les poids et mesures. Elle sera utile dans une foule d'opérations.

Elle peut servir à trouver :

1° Les carrés et les cubes, les racines carrées et cubiques de tous les multiples ou sous-multiples décimaux des 100 premiers nombres, et même des nombres intermédiaires; 2° la circonférence et la surface de tous les cercles, et, réciproquement, à retrouver le diamètre et la circonférence.

En multipliant
{
la 1re colonne par elle-même on a la 2e;
la 1re id. par la 2e on a la 3e;
la 1re id. par 3 14159 on obtient la 4e;
la 4e id. par le 1/4 de la 1re on a la 5e, surface du cercle.
}

Voir le tableau de géométrie, dont cette table est un des développements.

MANIÈRE DE S'EN SERVIR.

1° CARRÉS. La 1re colonne représente des mesures de longueur; la seconde des mesures de superficie. Ces mesures ne croissent pas dans la même proportion : le rapport est décimal entre les différentes unités linéaires, et centésimal pour les mesures de superficie. Si donc on sépare par le point un ou deux chiffres de la 1re colonne, il faut en séparer le double dans la 2e, et de même, si l'on ajoute un ou plusieurs zéros à la racine, il faut les doubler au carré. Ainsi le carré de 36 étant suivant la table, 1296, celui de 3 6 sera de 12 96; pour 3600, de 12960000, etc., etc.

On a le carré d'un nombre double, triple, quadruple, etc, de l'un des nombres indiqués dans la table, en multipliant le carré de ce nombre par 4 pour le double, 9 pour le triple, 16 pour le quadruple, et 25 pour le quintuple, etc., etc.

La différence entre le carré de deux nombres est égale à la somme de ces deux nombres, multipliée par leur différence.

2° DES CUBES. Les mesures de solidité ne conservent pas entr'elles le même rapport que les mesures de longueur; il est décimal pour celles-ci, millésimal pour les premières. Si on sépare, par le point, 1 ou 2 chiffres de la 1re colonne, il faut en séparer 3 ou 6 dans la seconde; de même, si on ajoute un ou plusieurs zéros à la racine, il faut les tripler au carré.

Pour plus de détail, voir le manuel des poids et mesures.

CONTENANCE EN MILLILITRES

DE CYLINDRES

D'UN CENTIMÈTRE DE HAUTEUR SUR DES BASES DE UN A SIX CENT VINGT CENTIMÈTRES DE DIAMÈTRE.

(Extrait du Carnet n° 78 de l'Administration).

DIAMÈTRES des cylindres	CONTENANCES.	DIAMÈTRES des cylindres	CONTENANCES.	DIAMÈTRES des cylindres	CONTENANCES.	DIAMÈTRES des cylindres	CONTENANCES.
m. c.	l. mil.	m. c.	l. mil.	m. c.	l. mil.	m. c.	l. mil.
0 01	0 001	0 06	0 023	0 11	0 095	0 16	0 201
0 02	0 003	0 07	0 038	0 12	0 113	0 17	0 227
0 03	0 007	0 08	0 050	0 13	0 133	0 18	0 254
0 04	0 013	0 09	0 064	0 14	0 154	0 19	0 284
0 05	0 020	0 10	0 079	0 15	0 177	0 20	0 314

DIAMÈTRES des cylindres		CONTENANCES.		DIAMÈTRES des cylindres		CONTENANCES.		DIAMÈTRES des cylindres		CONTENANCES.		DIAMÈTRES des cylindres		CONTENANCES.	
m.	c.	l.	mil.	m.	c.	l.	mil.	m.	c.	l.	mil.	m.	c.	l.	m.
0	21	0	346	0	71	3	959	1	21	11	499	1	71	22	966
0	22	0	380	0	72	4	072	1	22	11	690	1	72	23	235
0	23	0	415	0	73	4	185	1	23	11	882	1	73	23	506
0	24	0	452	0	74	4	301	1	24	12	076	1	74	23	779
0	25	0	491	0	75	4	418	1	25	12	272	1	75	24	053
0	26	0	531	0	76	4	536	1	26	12	469	1	76	24	323
0	27	0	573	0	77	4	657	1	27	12	668	1	77	24	606
0	28	0	616	0	78	4	778	1	28	13	868	1	78	24	885
0	29	0	661	0	79	4	902	1	29	13	070	1	79	25	165
0	30	0	707	0	80	5	027	1	30	13	273	1	80	25	447
0	31	0	755	0	81	5	153	1	31	13	478	1	81	25	730
0	32	0	804	0	82	5	281	1	32	13	685	1	82	26	016
0	33	0	855	0	83	5	411	1	33	13	893	1	83	26	302
0	34	0	908	0	84	5	542	1	34	14	103	1	84	26	590
0	35	0	962	0	85	5	675	1	35	14	314	1	85	26	880
0	36	1	018	0	86	5	809	1	36	14	527	1	86	27	172
0	37	1	075	0	87	5	945	1	37	14	741	1	87	27	465
0	38	1	134	0	88	6	082	1	38	14	957	1	88	27	759
0	39	1	195	0	89	6	221	1	39	15	175	1	89	28	055
0	40	1	257	0	90	6	362	1	40	15	394	1	90	28	353
0	41	1	320	0	91	6	504	1	41	15	615	1	91	28	652
0	42	1	385	0	92	6	648	1	42	15	837	1	92	28	953
0	43	1	452	0	93	6	793	1	43	16	061	1	93	29	255
0	44	1	521	0	94	6	940	1	44	16	286	1	94	29	559
0	45	1	590	0	95	7	088	1	45	16	513	1	95	29	865
0	46	1	662	0	96	7	238	1	46	16	742	1	96	30	172
0	47	1	735	0	97	7	390	1	47	16	972	1	97	30	481
0	48	1	810	0	98	7	543	1	48	17	203	1	98	30	791
0	49	1	886	0	99	7	698	1	49	17	437	1	99	31	103
0	50	1	964	1	00	7	854	1	50	17	671	2	00	31	416
0	51	2	043	1	01	8	012	1	51	17	908	2	01	31	731
0	52	2	124	1	02	8	171	1	52	18	146	2	02	32	077
0	53	2	206	1	03	8	332	1	53	18	385	2	03	32	365
0	54	2	290	1	04	8	495	1	54	18	627	2	04	32	685
0	55	2	376	1	05	8	659	1	55	18	859	2	05	33	006
0	56	2	463	1	06	8	825	1	56	19	113	2	06	33	329
0	57	2	552	1	07	8	992	1	57	19	359	2	07	33	654
0	58	2	642	1	08	9	161	1	58	19	607	2	08	33	979
0	59	2	734	1	09	9	331	1	59	19	856	2	09	34	307
0	60	2	827	1	10	9	503	1	60	20	106	2	10	34	636
0	61	2	922	1	11	9	677	1	61	20	358	2	11	34	967
0	62	3	019	1	12	9	852	1	62	20	612	2	12	35	299
0	63	3	117	1	13	10	029	1	63	20	867	2	13	35	633
0	64	3	217	1	14	10	207	1	64	21	124	2	14	35	968
0	65	3	318	1	15	10	387	1	65	21	382	2	15	36	305
0	66	3	421	1	16	10	568	1	66	21	642	2	16	36	644
0	67	3	526	1	17	10	751	1	67	21	904	2	17	36	984
0	68	3	632	1	18	10	936	1	68	22	167	2	18	37	325
0	69	3	739	1	19	11	122	1	69	22	432	2	19	37	668
0	70	3	848	1	20	11	310	1	70	22	698	2	20	38	013

DIAMÈTRES des cylindres		CONTENANCES		DIAMÈTRES des cylindres		CONTENANCES		DIAMÈTRES des cylindres		CONTENANCES		DIAMÈTRES des cylindres		CONTENANCES	
m.	c.	l.	mil.	m.	c.	l.	mil.	m.	c.	l.	mil.	m.	c.	l.	mil.
2	21	38	360	2	71	57	680	3	21	80	929	3	71	108	103
2	22	38	708	2	72	58	107	3	22	81	433	3	72	108	687
2	23	39	057	2	73	58	535	3	23	81	940	3	73	109	631
2	24	39	408	2	74	58	965	3	24	82	448	3	74	109	858
2	25	39	761	2	75	59	396	3	25	82	958	3	75	110	447
2	26	40	115	3	76	59	828	3	26	83	469	3	76	111	039
2	27	40	471	2	77	60	263	3	27	83	982	3	77	111	623
2	28	40	828	2	78	60	699	3	28	84	496	3	78	112	221
2	29	41	187	2	79	61	136	3	29	85	012	3	79	112	815
2	30	41	548	2	80	61	575	3	30	85	530	3	80	113	411
2	31	41	910	2	81	62	016	3	31	86	049	3	81	114	009
2	32	42	273	2	82	62	458	3	32	86	570	3	82	114	608
2	33	42	638	2	83	62	902	3	33	87	092	3	83	115	209
2	34	43	005	2	84	63	347	3	34	87	616	3	84	115	812
2	35	43	374	2	85	63	794	3	35	88	141	3	85	116	416
2	36	43	744	2	86	64	242	3	36	88	668	3	86	117	021
2	37	44	115	2	87	64	692	3	37	89	197	3	87	117	628
2	38	44	488	2	88	65	144	3	38	89	727	3	88	118	237
2	39	44	863	2	89	65	597	3	39	90	259	3	89	118	847
2	40	45	239	2	90	66	032	3	40	90	792	3	90	119	459
2	41	45	617	2	91	66	503	3	41	91	327	3	91	120	072
2	42	45	996	2	92	66	936	3	42	91	863	3	92	120	687
2	43	46	377	2	93	67	426	3	43	92	401	3	93	121	304
2	44	46	759	2	94	67	887	3	44	92	941	3	94	121	922
2	45	47	144	2	95	64	349	3	45	93	482	3	95	122	542
2	46	47	529	2	96	68	813	3	46	94	025	3	96	123	163
2	47	47	916	2	97	69	279	3	47	94	539	3	97	123	786
2	48	48	305	2	98	69	746	3	48	95	115	3	98	124	410
2	49	48	695	2	99	70	215	3	49	95	662	3	99	125	036
2	50	49	087	3	00	70	686	3	50	96	211	4	00	125	664
2	51	49	481	3	01	71	158	3	51	96	762	4	01	126	293
2	52	49	876	3	02	71	631	3	52	97	314	4	02	126	923
2	53	50	273	3	03	72	107	3	53	97	863	4	03	127	556
2	54	50	671	3	04	72	583	3	54	98	423	4	04	128	190
2	55	51	071	3	05	73	062	3	55	98	980	4	05	128	825
2	56	51	472	3	06	73	542	3	56	99	538	4	06	129	462
2	57	51	875	3	07	74	024	3	57	100	098	4	07	130	100
2	58	52	279	3	08	74	505	3	58	100	660	4	08	130	741
2	59	52	685	3	09	74	991	3	59	101	223	4	09	131	382
2	60	53	093	3	10	75	477	3	60	101	788	4	10	132	025
2	61	53	502	3	11	75	965	3	61	102	354	4	11	132	670
2	62	53	913	3	12	76	454	3	62	102	922	4	12	133	317
2	63	54	325	3	13	76	945	3	63	103	491	4	13	133	965
2	64	54	739	3	14	77	437	3	64	104	062	4	14	134	615
2	65	55	155	3	15	77	931	3	65	104	635	4	15	135	265
2	66	55	572	3	16	78	427	3	66	105	209	7	16	135	918
2	67	55	990	3	17	78	924	3	67	105	784	4	17	136	572
2	68	56	410	3	18	79	423	3	68	106	362	4	18	137	228
2	69	56	832	3	19	79	923	3	69	106	941	4	19	137	885
2	70	57	255	3	20	80	425	3	70	107	521	4	20	138	544

DIAMÈTRES des cylindres		CONTENANCES		DIAMÈTRES des cylindres		CONTENANCES		DIAMÈTRES des cylindres		CONTENANCES		DIAMÈTRES des cylindres		CONTENANCES	
m.	c.	l.	mil.	m.	c.	l.	mil.	m.	c.	l.	mil.	m.	c.	l.	m.
4	21	139	205	4	71	174	234	5	21	213	189	5	71	256	072
4	22	139	867	4	72	174	974	5	22	214	008	5	72	256	970
4	23	140	531	4	73	175	716	5	23	214	829	5	73	257	869
4	24	141	196	4	74	176	460	5	24	215	651	5	74	258	770
4	25	141	863	4	75	177	205	5	25	216	475	5	75	259	672
4	26	142	531	4	76	177	952	5	26	217	301	5	76	260	576
4	27	143	201	4	77	178	701	5	27	218	128	5	77	261	432
4	28	143	872	4	78	179	451	5	28	218	956	5	78	262	389
4	29	144	545	4	79	180	203	5	29	219	787	5	79	263	298
4	30	145	220	4	80	180	956	5	30	220	618	5	80	264	208
4	31	145	896	4	81	181	711	5	31	221	452	5	81	265	120
4	32	146	574	4	82	182	467	5	32	222	287	5	82	266	033
4	33	147	254	4	83	183	225	5	33	223	123	5	83	266	948
4	34	147	934	4	84	183	984	5	34	223	961	5	84	267	865
4	35	148	617	4	85	184	745	5	35	224	801	5	85	268	783
4	36	149	301	4	86	185	508	5	36	225	642	5	86	269	703
4	37	149	987	4	87	186	272	5	37	226	484	5	87	270	624
4	38	150	674	4	88	187	038	5	38	227	329	5	88	271	547
4	39	151	363	4	89	187	805	5	39	228	175	5	89	272	471
4	40	152	053	4	90	188	574	5	40	229	022	5	90	273	397
4	41	152	745	4	91	189	345	5	41	229	871	5	91	274	325
4	42	153	439	4	92	190	117	5	42	230	722	5	92	275	254
4	43	154	134	4	93	190	890	5	43	231	574	5	93	276	184
4	44	154	830	4	94	191	665	5	44	232	428	5	94	277	117
4	45	155	523	4	95	192	442	5	45	233	283	5	95	278	051
4	46	156	228	4	96	193	221	5	46	234	140	5	96	278	986
4	47	156	930	4	97	194	000	5	47	234	998	5	97	279	923
4	48	157	633	4	98	194	782	5	48	235	858	5	98	280	862
4	49	158	337	4	99	195	565	5	49	236	720	5	99	281	802
4	50	159	043	5	00	196	350	5	50	237	583	6	00	282	743
4	51	159	751	5	01	197	136	5	51	238	448	6	01	283	687
4	52	160	460	5	02	197	923	5	52	239	314	6	02	284	631
4	53	161	171	5	03	198	713	5	53	240	182	6	03	285	578
4	54	161	885	5	04	199	504	5	54	241	051	6	04	286	526
4	55	162	597	5	05	200	296	5	55	241	922	6	05	287	475
4	56	163	313	5	06	201	090	5	56	242	795	6	06	288	426
4	57	164	030	5	07	201	886	5	57	243	669	6	07	289	379
4	58	164	748	5	08	202	683	5	58	244	545	6	08	290	333
4	59	165	468	5	09	203	482	5	59	245	422	6	09	291	289
4	60	166	190	5	10	204	282	5	60	246	301	6	10	292	247
4	61	166	917	5	11	205	084	5	61	247	181	6	11	293	206
4	62	167	639	5	12	205	887	5	62	248	063	6	12	294	166
4	63	168	365	5	13	206	692	5	63	248	947	6	13	295	128
4	64	169	093	5	14	207	499	5	64	249	832	6	14	296	092
4	65	169	823	5	15	208	307	5	65	250	719	6	15	297	057
4	66	170	554	5	16	209	117	5	66	251	607	6	16	298	024
4	67	171	287	5	17	209	928	5	67	252	497	6	17	298	992
4	68	172	021	5	18	210	741	5	68	253	388	6	18	299	979
4	69	172	757	5	19	211	556	5	69	254	281	6	19	300	604
4	70	173	494	5	20	212	372	5	70	255	176	6	20	301	592

Voici pour les Employés que le tableau des segments, page 40, embarrasserait, un tarif du vide des 20 Jauges de France les plus connues; la hauteur du bouge est le dernier centimètre de chaque vaisseau.

JAUGE DES VAISSEAUX (*en litres*) POUR LES CONTENANCES

VIDE EN CENTIMÈT	70	106	114	136	200	220	228	236	285	300	325	350	365	460	480	510	530	560	620
1	1/2	1/2	2	2/3	1	1	1	1	1	1	1	1	1	2	2	2	2	2	2
2	1	2	2	2	2	3	3	3	3	3	3	3	4	4	4	4	5	4	[illegible]
3	2	3	3	4	4	4	5	4	5	5	5	5	6	7	7	7	8	7	[illegible]
4	4	5	5	5	6	7	7	6	7	8	8	8	8	10	11	11	11	11	[illegible]
5	5	6	6	7	9	9	9	9	10	11	11	11	11	13	14	14	15	15	[illegible]
6	6	8	8	9	11	12	11	11	13	14	14	14	14	17	18	19	20	19	20
7	8	9	10	11	14	14	14	14	16	17	17	18	17	21	23	23	24	24	25
8	9	10	12	14	16	17	17	16	19	20	21	21	21	26	28	28	29	29	30
9	11	12	15	16	19	20	20	19	23	24	24	25	25	30	33	33	35	34	36
10	13	14	17	19	22	24	23	23	26	26	28	29	29	35	38	38	40	39	42
11	15	16	19	21	26	27	26	26	30	32	32	33	38	40	43	44	46	43	47
12	16	18	22	24	29	30	30	29	34	36	36	38	37	45	49	49	52	51	52
13	18	21	24	27	32	34	33	32	38	40	40	42	42	51	54	55	58	57	60
14	20	23	26	29	36	38	37	36	42	44	45	47	43	50	60	61	64	63	67
15	22	25	29	32	39	41	41	40	46	49	50	52	51	62	66	68	71	69	78
16	24	28	32	35	43	45	44	43	51	54	54	56	56	68	73	74	77	76	80
17	26	30	35	38	47	49	48	47	55	59	59	61	61	74	79	80	84	82	87
18	28	33	37	41	51	53	52	51	59	63	64	67	67	80	86	87	91	89	95
19	30	36	40	45	54	57	56	55	64	68	68	72	71	86	92	94	98	96	102
20	32	38	43	48	58	91	60	59	69	73	73	77	76	93	99	101	105	103	109
21	34	41	46	51	62	65	66	63	73	78	78	82	81	99	106	108	113	111	117
22	36	44	48	54	66	69	69	67	78	83	84	88	87	105	113	115	120	118	125
23	38	46	51	57	70	74	73	71	83	88	89	93	92	112	120	122	128	125	133
24	40	49	54	60	74	78	77	75	88	93	94	99	93	119	127	129	135	133	141
25	42	52	57	64	78	82	82	79	93	98	99	104	105	126	135	137	143	140	149
26	44	55	58	67	82	87	86	84	98	104	105	110	112	132	142	144	151	148	157
27	46	58	59	70	87	91	90	88	103	109	110	116	118	139	149	152	159	156	[illegible]
28	48	60	62	73	91	95	95	92	103	114	116	121	124	146	157	159	167	164	[illegible]
29	50	63	65	76	94	100	99	96	113	120	121	127	130	153	164	167	175	172	[illegible]
30	52	66	68	80	99	104	103	101	118	125	127	134	135	160	172	175	183	180	[illegible]
31	53	68	70	83	101	109	108	105	123	131	132	139	141	168	179	182	191	188	200
32	55	71	73	86	103	111	111	110	128	137	138	145	147	175	187	190	199	196	208
33	57	74	76	89	107	113	114	114	133	142	143	150	153	182	194	198	207	204	217
34	59	76	79	92	111	118	117	118	138	147	149	156	160	189	201	207	215	212	226
35	60	79	81	95	115	122	120	122	143	150	154	162	166	196	210	214	224	221	234
36	62	81	84	99	120	127	125	126	148	153	160	168	172	204	218	222	233	229	[illegible]
37	63	83	87	102	124	131	129	131	153	158	163	174	178	210	225	229	240	237	251
38	64	86	90	105	128	135	133	135	158	163	166	180	184	218	233	237	249	245	261
39	66	88	92	108	132	140	138	140	163	169	172	186	190	226	241	245	257	254	[illegible]
40	67	90	94	111	136	144	142	144	168	175	177	192	196	233	249	253	265	262	[illegible]
41	68	92	97	113	140	148	146	148	173	180	183	198	203	240	257	261	273	270	[illegible]
42	69	94	99	116	144	153	152	152	178	186	188	203	208	248	264	269	281	279	[illegible]
43	70	96	101	119	148	157	156	157	183	191	194	209	213	256	272	277	290	288	[illegible]
44	»	98	104	121	151	161	160	161	191	196	199	214	221	262	280	284	298	296	[illegible]
45	»	99	106	124	155	165	164	165	196	202	205	220	227	270	288	293	306	304	[illegible]
46	»	101	108	126	159	169	169	169	201	207	210	226	233	277	297	299	315	313	[illegible]
47	»	102	110	129	163	173	173	173	205	212	216	231	238	284	305	308	323	321	[illegible]
48	»	103	111	131	166	177	177	177	210	217	221	237	233	291	312	318	331	329	[illegible]
49	»	104	113	133	170	181	181	181	215	222	227	243	250	298	320	324	339	337	350

JAUGE DES VAISSEAUX (*en litres*) POUR LES CONTENANCES

VIDE EN CENTIMÈT.	70	106	114	136	200	220	228	236	275	300	325	350	365	460	480	510	550	560	620
50	»	»	105	185	173	184	185	185	220	227	232	248	256	306	327	331	347	346	359
51	»	»	»	136	176	188	188	189	224	232	237	254	263	313	335	339	355	354	368
52	»	»	»	»	183	192	192	193	228	237	242	259	269	320	342	347	363	362	377
53	»	»	»	»	186	195	197	196	233	241	248	265	270	327	349	354	371	370	386
54	»	»	»	»	188	198	199	200	237	246	253	270	281	334	357	362	379	378	394
55	»	»	»	»	191	202	203	204	241	251	258	275	287	340	364	369	387	386	403
56	»	»	»	»	193	205	206	207	245	256	262	280	292	347	371	377	393	396	412
57	»	»	»	»	196	208	209	210	249	260	267	286	297	354	378	384	402	404	420
58	»	»	»	»	198	210	212	212	253	264	272	291	301	361	385	391	410	412	429
59	»	»	»	»	200	213	215	217	256	268	276	295	306	367	392	399	417	420	437
60	»	»	»	»	»	215	217	220	260	272	281	300	311	373	398	405	425	427	446
61	»	»	»	»	»	217	219	222	263	276	286	305	316	380	405	412	432	435	455
62	»	»	»	»	»	219	221	225	266	280	290	309	321	392	411	419	439	442	463
63	»	»	»	»	»	220	223	227	269	283	294	314	325	398	418	426	446	449	471
64	»	»	»	»	»	»	225	230	272	286	302	318	330	404	424	432	453	457	479
65	»	»	»	»	»	»	227	232	274	289	305	322	334	410	430	438	459	464	487
66	»	»	»	»	»	»	228	233	275	292	309	326	335	415	435	445	466	471	495
67	»	»	»	»	»	»	»	235	»	295	312	330	342	421	441	451	472	478	503
68	»	»	»	»	»	»	»	236	»	297	315	333	346	426	446	457	478	484	511
69	»	»	»	»	»	»	»	»	»	299	318	336	350	431	451	462	484	491	518
70	»	»	»	»	»	»	»	»	»	300	321	339	353	436	456	468	490	497	525
71	»	»	»	»	»	»	»	»	»	»	323	342	356	440	461	473	495	503	533
72	»	»	»	»	»	»	»	»	»	»	324	344	359	445	466	478	501	509	540
73	»	»	»	»	»	»	»	»	»	»	325	345	361	449	470	483	506	515	547
74	»	»	»	»	»	»	»	»	»	»	»	347	362	453	473	487	510	521	558
75	»	»	»	»	»	»	»	»	»	»	»	349	364	455	476	492	515	526	560
76	»	»	»	»	»	»	»	»	»	»	»	350	365	457	478	495	519	531	567
77	»	»	»	»	»	»	»	»	»	»	»	»	»	459	480	499	522	536	573
78	»	»	»	»	»	»	»	»	»	»	»	»	»	460	»	502	525	541	578
79	»	»	»	»	»	»	»	»	»	»	»	»	»	»	»	505	528	545	584
80	»	»	»	»	»	»	»	»	»	»	»	»	»	»	»	508	530	549	590
81	»	»	»	»	»	»	»	»	»	»	»	»	»	»	»	510	»	553	595
82	»	»	»	»	»	»	»	»	»	»	»	»	»	»	»	»	»	556	600
83	»	»	»	»	»	»	»	»	»	»	»	»	»	»	»	»	»	558	604
84	»	»	»	»	»	»	»	»	»	»	»	»	»	»	»	»	»	560	608
85	»	»	»	»	»	»	»	»	»	»	»	»	»	»	»	»	»	»	612
86	»	»	»	»	»	»	»	»	»	»	»	»	»	»	»	»	»	»	615
87	»	»	»	»	»	»	»	»	»	»	»	»	»	»	»	»	»	»	618
88	»	»	»	»	»	»	»	»	»	»	»	»	»	»	»	»	»	»	620

VINAIGRERIES.

NOTIONS GÉNÉRALES.

Le vinaigre est la transformation de l'alcool en un acide, par la soustraction d'une partie de son carbone.

Toute substance sucrée peut se convertir en vinaigre, car le sucre, par la fermentation se change en alcool, et celui-ci en acide acétique.

Si leur prix ne s'y opposait pas, les vins les plus généreux donneraient donc le meilleur vinaigre. Le vin blanc contenant plus d'alcool, est préféré au rouge. On en fabrique avec de la bière, de l'hydromel, du cidre, du poiré, de l'amidon, du bois, etc. Celui de vin est supérieur, et remplace avec avantage le pyroligneux dans les produits manufacturés.

La fermentation acide ne peut s'établir :

1º Que par le CONTACT DE L'AIR. Les courants d'air qui volatiseraient un peu d'alcool doivent être évités ;

2º Par la CHALEUR, entretenue de 20 à 30º ; au-dessous de 20º tout languit ; au-dessus de 30, il y aurait déperdition d'alcool ;

3º Par la PRÉSENCE D'UN FERMENT qui détermine le dégagement du gaz acide carbonique. Pendant la fermentation, il se forme une substance membraneuse d'un blanc sale, ferme, translucide : c'est LA MÈRE du vinaigre, ferment excellent pour commencer la dénaturation du vin, lorsqu'on manque de vinaigre, pour monter une vinaigrerie ; la levure de bière peut le remplacer.

LOCAUX.

On commence par monter la vinaigrerie dans un local exposé autant que possible au midi, bien éclairé, bien clos, élevé de 3 mètres au-dessus du sol. Sur des étages solides ou sur des chassis en menuiserie légère, on place les VAISSEAUX-MÈRES de manière que la première rangée supporte les autres au nombre de 5 à 7, séparés par un intervalle de 10 centimètres. Chaque local contient jusqu'à 500 mères ordinairement de 230 litres. Ces vaisseaux sont percés dans le fond d'un trou nommé œil (5 cent.), pour y introduire et en retirer le liquide, et d'un autre petit trou (2 cent.), à côté de l'œil, pour laisser échapper l'air lors de l'introduction du vin. Si tous les vaisseaux-mères ne peuvent être contenus dans le même local, on établit plusieurs étages qui reçoivent la chaleur du même calorifère placé en dehors de la vinaigrerie, et chauffé autant que possible avec du bois, car le gaz qui s'échappe du charbon de mine, peut communiquer au vinaigre une couleur et une odeur désagréables. On chauffe en tout temps à une température uniforme de 22 à 26º de réaumur et même jusqu'à 30 dans les années de récoltes inférieures. Après la qualité du vin soumise à la dénaturalisation, l'uniformité de température est un point capital dans la fabrication.

C'est ordinairement sous la vinaigrerie que sont placés les râpés, vins et vinaigres servant à la clarification. Leur contenance, suivant l'importance de la vinaigrerie, varie de 6 à 160 hectos ; de forme ronde ou ovale, et cerclés en fer, on les remplit de sarment et de copeaux de bois de hêtre, par lits placés alternativement jusqu'à 15 centimètres du fond supérieur. Dans les établissements bien montés, des canaux en plomb, au moyen de pompes foulantes, amènent le vin des râpés dans les mères et des mères dans râpés vinaigres, disposition qui permet de charger et de tirer les vaisseaux sans évaporation ni perte de chaleur.

FABRICATION.

La vinaigrerie est montée : On verse dans chaque vaisseau-mère 4/10 de fort vinaigre froid ; 8 jours après, 5 litres ; au bout de 8 jours, encore 10 litres ; enfin la même quantité dans le même intervale, jusqu'à 6/10.

Dès que la fermentation est bien établit, la vinaigrerie est en activité ; un mois suffit pour qu'elle marche. Alors, on peut retirer par semaine 10 litres de chaque MÈRE, qui reçoit à peu près 11 litres de vin. Chaque mère produit 5 h. par an. Ces vaisseaux ne doivent pas être chargés plus de 7/10 et jamais moins de 6/10, car autrement, l'air frappant sur un espace trop rétréci, la décomposition est plus lente.

Le point le plus favorable est 6/10 pleins.

Sorti des vaisseaux-mères, le vinaigre est reporté sur les râpés où il s'éclaircit et séjourne le plus long-temps possible afin de se bonifier. Quand les demandes sont pressantes, ou si l'établissement exige trop de râpés, on clarifie avec la colle de poisson, procédé qui rend le vinaigre plus vif.

Le vinaigre-marchand doit marquer 22 divisions au pèse-acide. On en fabrique même à 28 à Orléans. Dans certaines années, comme en 1817, on obtint que 15 à 18º ; au-dessous de 15º il se corrompt. Pour éviter cet inconvénient, on soutient les vinaigrerie avec de l'alcool : Mais dans ce cas, la chaleur du laboratoire doit être plus élevée.

EXERCICE.

Les fabricants sont tenus de faire 24 heures à l'avance, une déclaration de vinaigrage au registre nº 17.

C'est dans cet intervalle que les employés doivent se présenter, pour assister à l'opératio qui peut avoir lieu de trois manières: ou l'on verse le vin sur les râpés-vinaigre, avec l'addition d'une certaine quantité de vinaigre; ou ce vinaigre est mis sur chaque pièce, ce qu'on appelle vinaigrer sur place; ou, ce qui serait préférable, on verse le vin sur les mères.

Décharge est donnée au dos de l'ampliation qu'on échange ensuite contre un bulletin d'entrepôt, registre d'octroi dans les lieux sujets.

Passé les 24 heures, le négociant a le droit, implicitement exprimé, d'opérer hors la présence des employés.

Puisque la chimie n'a trouvé aucun moyen de dénaturer le vin sans en altérer la qualité, et qu'il y a impossibilité d'exiger qu'on le verse sur les mères, opération longue qu'on prolongerait à dessein afin de lasser la surveillance, il ne reste donc, pour que la dénaturation ne soit pas illusoire, qu'à faire ajouter au vin une quantité de vinaigre telle qu'on ne puisse pas présenter plusieurs fois le même vin au vinaigrage, afin de couvrir des manquants. Le moyen le plus simple dans les villes qui ont un droit sur le vinaigre, serait d'élever le droit au taux des autres droits, cumulés sur le vin: On tarirait ainsi une foule d'abus palpables. Mais quoi que la loi soit muette à cet égard, il n'en faut pas moins conclure que la décharge ne peut avoir lieu qu'autant que la dénaturation est réelle, et elle ne peut l'être avec le 10e de vinaigre versé sur le vin. Il faudrait comme à Lyon, le 5e. La loi, il est vrai, ne pourrait généraliser sans tomber dans de graves inconvénients, car la quantité de vinaigre nécessaire pour que le vin cesse d'être potable, dépend de la qualité de l'un et de l'autre de ces liquides. C'est donc au discernement des employés à faire le reste. On peut être vinaigrier sans licence, en acquittant le droit de circulation au fur et à mesure des introductions.

Dans les lieux sujets aux entrées et où les vinaigres sont frappés du droit d'octroi: on tient les comptes des vinaigreries comme ceux des marchands en gros, et les recensements sont faits simultanément par les deux services. La déduction est de 10 pour 0/0 à Orléans, et les décomptes trimestriels sont définitifs.

Dans les lieux de grande fabrication, comme à Orléans, on se sert, dans l'appréciation des restes, fort difficiles à évaluer autrement, d'une jauge triangulaire de 20 c. de hauteur et présentant sur chaque face une des 3 contenances les plus usitées. En voici l'usage : au moyen d'une sonde à crochet, qui s'introduit par l'œil du vaisseau-mère, on marque le mouillé à la craie sur chaque pièce. Or la jauge a été, par l'empotement, graduée de centimètre en centimètre jusqu'à l'œil, de manière qu'on connait immédiatement le reste. Un employé mesure, l'autre récapitule en présence du négociant, et l'opération ne laisse aucune place aux réclamations. La jauge qu'on peut faire avec le tableau de la page 58, ne part que du milieu de l'œil, car jamais les mères ne sont plus basses que 5/10, et l'œil n'est pas bouché; du reste 20 cent. au-dessous, 20 cent. au-dessus, la contenance est identique.

FALSIFICATION.

On peut augmenter l'acidité des vinaigres en y mêlant du sel marin ou de l'acide sulfurique; mais la présence de cet acide, qui donne un poids trompeur et une acidité particulière, se reconnait en versant quelques gouttes du vinaigre suspect dans du nitrate ou de l'hydrochlorate de barite.

Il se forme aussitôt un précipité blanc abondant, qui est du sulfate de barite. La réputation méritée des vinaigres d'Orléans met les fabricants à l'abri de tout soupçon sous ce rapport.

PÈSE - ACIDE.

C'est un instrument inexact, car le vinaigre le plus concentré, le vinaigre radical, donne le même poids spécifique que celui qui contient 112 parties d'eau, et lorsque le vinaigre contient moins d'eau, le poids spécifique augmente.

Le meilleur moyen de connaitre la force des vinaigres, c'est la quantité de soude crystalisée qu'ils neutralisent; opération aussi longue que difficile: Mais le pèse-acide suffit dans les cas ordinaires; la dégustation fait le reste.

6

SUITE DU JAUGEAGE PAGE 38.

NOTA. Considérer comme entaché d'inexactitude ce qui est imprimé de la page 38, après le tableau d'épalement, à la p. 39, jusqu'à l'art. JAUGEAGE DES FUTTAILLES: Le diamètre moyen appliqué à la figure 10, donnera t 1 h. 36 de différence sur 93 h. 03 ; la formule relative à la calotte sphérique, quoique prise dans la circulaire no 20, est trop compliquée, et ce n'est pas de 1/5 mais de 1/10 que les diamètres peuvent différer. Tout cela disparaîtra plus tard.

Les chaudières des brasseurs ont généralement la forme d'un demi-ellipsoïde, tel que la 1re fig. ci-après. Quelquefois la partie supérieure du demi-ellipsoïde se prolonge cylindriquement et alors elle ressemble à la f. 2e. Il peut s'en trouver qui aient la forme sphérique comme dans la f. 3e, ou la même forme surmontée d'un cylindre comme dans la f. 4e, ou enfin une forme beaucoup plus évasée dans le haut et plus rétrécie dans le fond, telle que la f. 5e qui est celle d'un paraboloïde.

La solidité du cylindre a été donnée page 36 (géométrie).

Celle d'un demi-ellipsoïde, ou d'une demi-sphère, est égale aux 2/3 du cylindre de même base et de même hauteur.

Celle d'un paraboloïde est égale à la moitié d'un cylindre de même base et de même hauteur.

NOTA. L'évaluation de l'ellipsoïde et du paraboloïde exigent l'emploi du calcul intégral; mais en confondant la 1re f. avec la 3e, et en considérant la 5e comme la moitié du cylindre, on ne s'écarte pas sensiblement de la tolérance accordée par l'administration dans le jaugeage métrique.

Il est donc facile de calculer exactement et sans tranches la capacité métrique des chaudières dont les formes peuvent toutes se rapporter à l'une de celles désignées ci-dessus et représentées par les fig. ci-après.

Fig. 1.

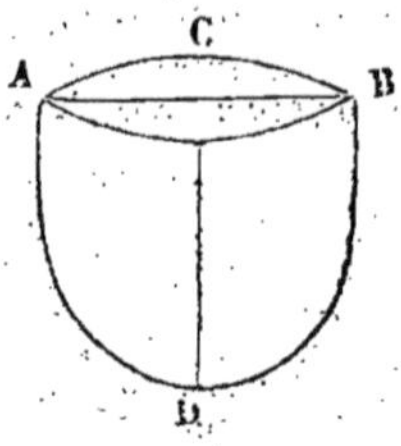

Fig. 2.

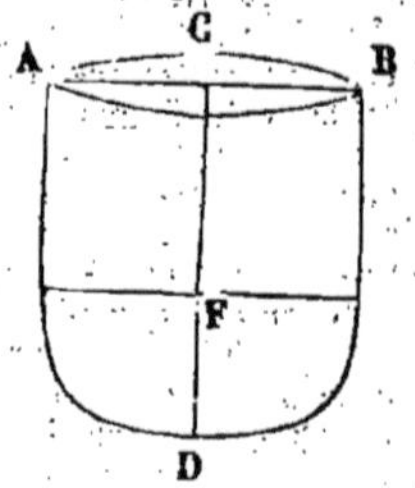

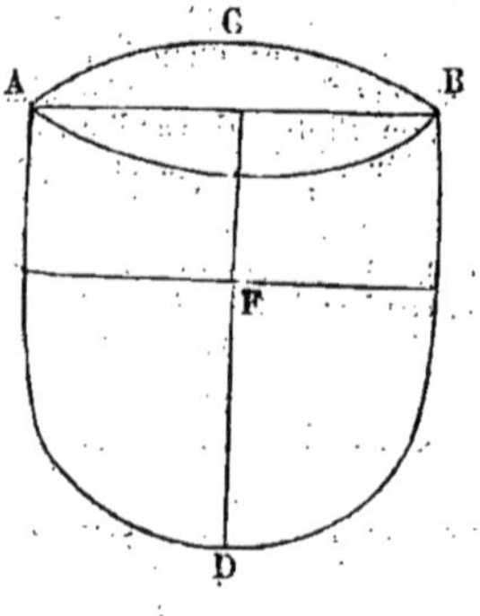

Fig. 3.

Fig. 4.

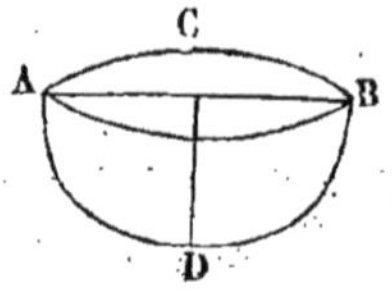

Fig. 5.

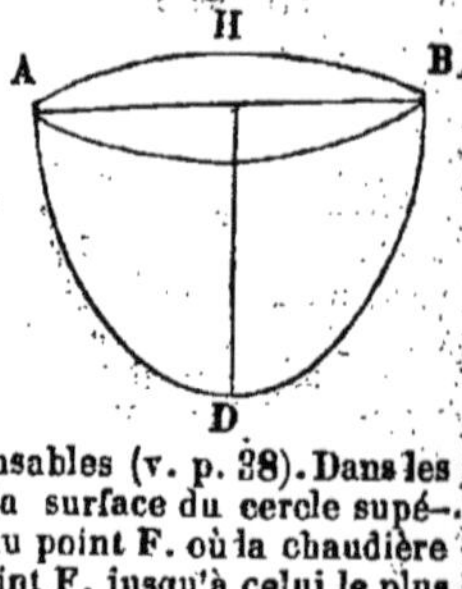

Pour les vases à formes irrégulières, les tranches sont indispensables (v. p. 38). Dans les quatre premiers cas, la contenance de la chaudière est égale à la surface du cercle supérieur $\times$ A C. B. les deux tiers de la hauteur depuis D. jusqu'au point F. où la chaudière cesse de s'élargir ; plus par toute la hauteur depuis ce même point F. jusqu'à celui le plus élevé C , lorsque la chaudière se prolonge cylindriquement.

Dans le 5e cas, la contenance est égale à la surface du cercle supérieur la moitié de la hauteur totale. La superficie du cercle a été donnée.

Les exemples suivants suffiront pour rendre toute l'opération parfaitement claire:

1re fig. On suppose le diamètre sup. A. B. de 1 m. 00 c. et la hauteur C. D. de 0 m. 50 c. On cherchera à la table du carnet, page 54, 1 m, 00 c. = 7.854 G E en multipliant ces

7.   854 par les 2/3 de la hauteur totale 33 , 2, on aura 2 h. 61 litres, en ne conservant que les trois premières décimales, parceque le mètre cube est 10 fois plus grand que l'hect.

2e fig On suppose le diamètre sup. A. B. de 2 m. 04 c.; La hauteur D. F. depuis le fond D. jusqu'au point F. où la chaudière cesse de s'élargir, de 1 m. 02 c. et enfin la haut. F. C. depuis le même point F. jusqu'au point C. le plus élevé de la chaudière de 1 m. 10 c.

Pour la partie de la calotte sphérique, on prend sur le carnet pour 2 m. 04 c. = 32,685 lesquels × les 2/3 de la haut. 1 m. 02 c. = 22 h. 23 l.

Pour la partie cylindrique, on prend dans le carnet pour 2 m. 04 c. = 32 l. 685 m. lesquels × la hauteur 1 m. 10 c = 35 h. 95 l enfin la réunion des deux calculs donne 58 h. 18 l.

Pour la 3e fig. On opérera absolument comme pour la 1re ; pour la 4e comme pour la 2e.

Pour la 5e. On opérera comme dans le 1er cas, avec cette seule différence qu'au lieu de multiplier la surface du cercle supérieur par les 2/3 de la hauteur, on ne la multipliera que par 1/2 de cette même hauteur.

On ne devra jamais se servir que de mesures métriques, sans cela les calculs deviendraient extrêmement compliqués. Lorsqu'on a un grand nombre d'opérations à faire, la jauge à ruban devient indispensable.

Il est bien entendu que la hauteur ne doit pas se mesurer le long des parois de la chaudière, mais suivant l'axe, c'est-à-dire verticalement et au milieu.

Pour connaitre celle des 5 fig. ci-dessus à laquelle pourra se rapporter la chaud. dont il s'agira, on mesurera la hauteur totale de la chaud. AB fig. 6, et on figurera sur le papier une ligne pour la représenter : Sur cette ligne, on placera le point F tel que FB, soit la hauteur depuis le fond de la chaud. jusqu'au point où elle cesse de s'élargir; on placera le point P au quart de cette dernière ligne et le point O au 2/3, toujours à partir du fond. Par les points A F O et P, on mesurera les lignes transversales CD, EG, IH et KL, sur lesquelles on ajoutera les diam. correspondants de la chaud. On aura les extrémités de toutes ces lignes avec le point B par une courbe et la figure de la chaud. Ce procédé est applicable à toutes les formes des chaudières.

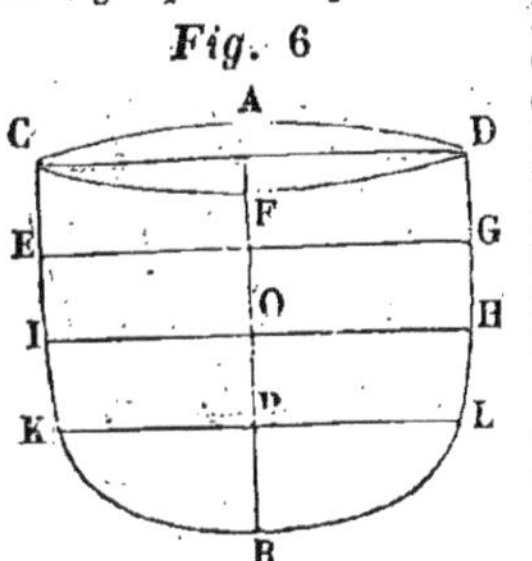

Pour conserver la proportion convenable entre toutes ces lignes, on aura soin de se faire une échelle qui soit de mesure commune.

SOMMIERS DES CHAUDIÈRES.

La plupart des chaudières sont surmontées de sommiers en bois qui plongent en tout ou partie dans leur intérieur, et qui par conséquent diminuent d'autant le liquide qu'elles peuvent contenir. Il convient donc, après avoir calculé la contenance totale de la chaudière, de soustraire la solidité de ces sommiers ; or, comme ils sont toujours équarris, leur solidité est égale au produit de leurs trois dimensions l'une par l'autre (voir CUBE).

Au moyen de la méthode ci-dessus détaillée , on obtiendra la contenance des chaud. avec une facilité et une précision très-satisfaisante, pourvu que les dimensions soient prises avec exactitude. Pour les chaud. irrégulières , v. p. 38.

CUVES ET BACS.

Quant aux cuves et aux bacs, quoique leurs formes soient beaucoup plus variées , on peut cependant les partager en deux grandes classes de solides.

La 1re celle des solides droits, c'est-à-dire dont les bases supérieures et inférieures ont leurs dimensions correspondantes égales, quelleque soit d'ailleurs leur figure.

La 2e celle des solides tronqués, c'est-à-dire, dont les bases sup. et inf. quoique de fig. semblable, ont leurs dimensions correspondantes inégales.

Pour la 1re classe , la contenance est égale à la surface sup. × la hauteur totale.

Il ne s'agit donc que de connaitre la surface supérieure: Elle peut être circulaire, ou carrée , ou triangulaire, ou ovale (v. GÉOMÉTRIE, page 35, surface des fig.).

Fig. 7.

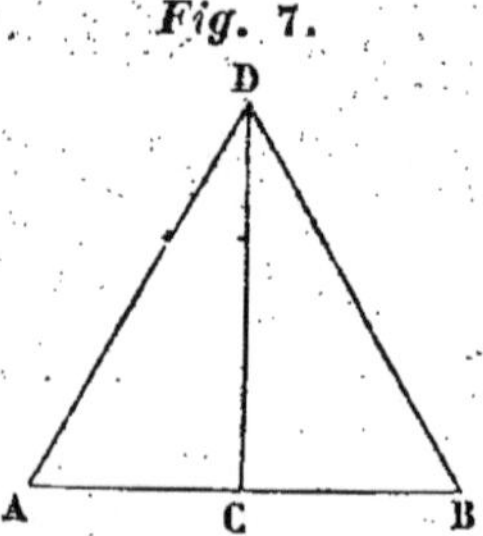

Fig. 8.

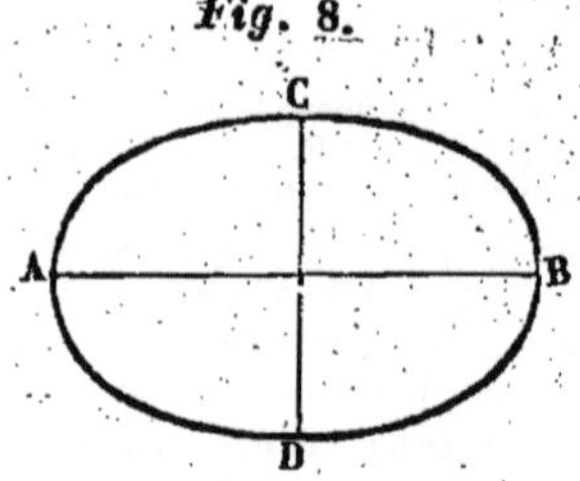

Les calculs de ces différentes surfaces sont trop simples pour qu'il soit nécessaire d'en donner des exemples. Aussitôt que l'on aura trouvé la surface sup. on la $\times$ la hauteur de de la cuve et on aura la contenance réelle.

La 2ᵉ classe : des solides tronqués, c'est-à-dire, de ceux évasés ou rétrécis vers la partie sup., peut se subdiviser en quatre espèces différentes, suivant les quatre figures différ. que peuvent avoir les surfaces de bases, savoir : à base circulaire, fig. 9, à base ovale, fig. 10, à base rectangulaire ou à forme pyramidale, fig. 11 et 12, et à base triangulaire, fig. 13.

Fig. 9.   Fig. 10.   Fig. 12.

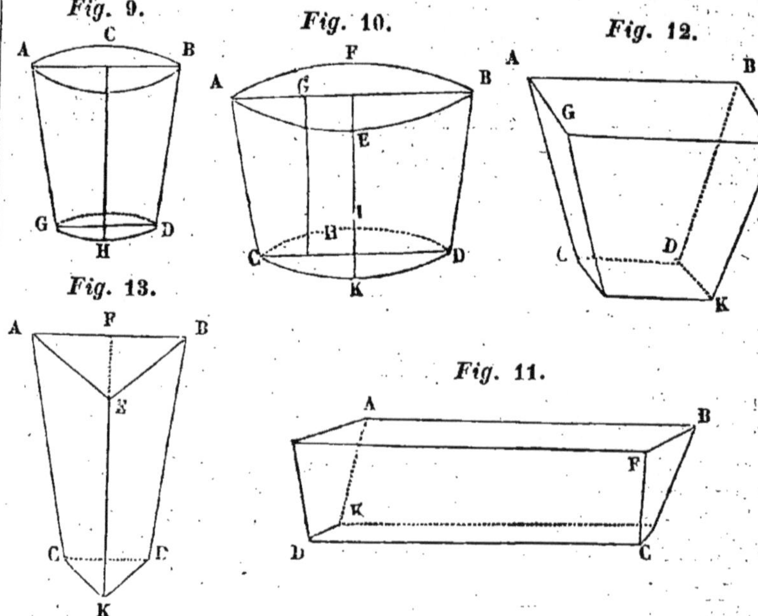

Fig. 13.

Fig. 11.

Pour obtenir la solidité des fig nᵒˢ 9, 10, 11, 12 et 13, on peut prendre la demi-somme des surfaces des bases et la multiplier par la hauteur. Ce principe, rigoureusement exact pour la fig. 10, ne l'est pas tout à fait pour les quatre autres.

Mais dans l'application, et si l'inclinaison des parois des vases ne va qu'à 2/10 de différ. et c'est ce qu'on remarque généralement, l'administration (carnet 78 et c. no 20), tolère les résultats. Cependant comme il peut se rencontrer des cas où l'on aurait besoin d'une appréciation plus rigoureuse, on opérera ainsi :

VAISSEAUX RÉGULIERS.

On suppose que le fond est plat et uni, que les bases (les fonds et l'ouverture), sont parallèles, et que les parois sont droites, fig. 9, cône tronqué ; fig. 11 et 12 à bases rectangulaires et 13 pyramide tronquée.

Les vaisseaux ayant pour base des carrés ou des carrés longs, égaux ou inégaux, se calculent comme les fig. 9 et 13. La formule ci-après embrasse donc 4 figures.

Le nombre de cent. cubes ou de millilitres contenus dans les vaisseaux de cette forme, est égal à la somme des trois produits résultant, 1º de la long. de la base sup. $\times$ sa larg. ; 2º de la long. de la base inf. $\times$ sa larg. ; 3º de la long. de la base sup. $\times$ la larg. de la base inf. ; ladite somme $\times$ la haut. des vaisseaux et divisée par 3.

EXEMPLE FIGURÉ 11.

Long de la base supérieure. . .	365 c.
Largeur id. id. . . .	219
Longueur id. inférieure. . .	345
Largeur id. id. . . .	207
Profondeur du vase	97

OPÉRATION rectifiée de la circul. nº 20

Produit de 365 par 219	———	79 935
id. 345 id. 207	———	71 415
id. 365 id. 207	———	75 555
id. somme		226 905

Produit de ce dernier nombre par 97. . . . . . . 22 009 785
Tiers de ce dernier nombre. 7 336 595
Le vaisseau contient 73 h. 36 litres.

FIGURE 10.

Le nombre de centimètres cubes contenus dans un vaisseau dont les deux bases sont des ovales inégaux, est égale à la somme des trois produits résultant, 1º du grand diamèt. de la base sup $\times$ son petit diam. ; 2º du grand diam. de la base inf. $\times$ son petit diam. ; 3º du grand diam. de la base supér., $\times$ le petit diam. de la base inf. ; ladite somme $\times$ la haut., par 11 et divisée par 42.

(Trois fois 14 pour éviter la division par 3 , c'est toujours le rapport du diamètre à la circonférence).

EXEMPLE :

Longueur du grand diamètre de la base supérienre	330 c.
Longueur du petit diamètre de la base supérieure.	264
Longueur du grand diamètre de la base inférieure.	325
Longueur du petit diamètre de la base inférieure.	260
Profondeur du vaisseau. . . .	138

OPÉRATION.

Produit de 330 par 264. . . .	87 120
id. de 325 id. 260. . . .	84 500
id. de 330 id. 260. . . .	85 800
TOTAL.	257 420

Prod. de cette somme par 138 — 35 573 960
En négligeant trois chiffres. . 35 523
Produit de ce dernier nombre multiplié par 11. . . . . 390 753
Résultat de la division par 42. . 93 h. 03 l.

CALOTTES ET SEGMENTS SPHÉRIQUES.

Prenez une boule creuse : sciez-la par la moitié, vous aurez deux calottes dont la profondeur est égale à la moitié de leur diamètre à l'ouverture. Reprenez une moitié ; donnez un autre coup de scie parallèlement à la base , vous aurez un segment sphérique et une calotte sphérique.

La grande calotte et la petite se calculent de même et la capacité est égale à la surface du cercle sup. $\times$ les deux tiers de la haut. ; procédé bien plus simple que celui de la c.^{re} nº 20.

Le segment sphérique qui est proprement une tranche , page 38 , est à peu près ramené au cylindre au moyen des litres ajoutés pour la courbure ; mais si on veut opérer exactement , la c.^{re} nº 20 dit que le nombre de cent. cubes ou de millilitres contenus dans les vaisseaux de cette forme , est égale à leur profondeur $\times$ la somme des trois résultats suivants : 1º la longueur du diam. du fond $\times$ elle même, par 11 et divisée par 28 ; 2º la long. du diam. de l'ouverture $\times$ elle même, par 11 et divisée par 28 ; 3º la profond. $\times$ elle même, par 11 et divisée par 21.

Les 5 dernières fig. données pour exemple , supposent que les solides vont en s'élargissant vers la partie sup. ; si elles allaient au contraire en rétrécissant, les opérations n'en seraient pas moins absolument les mêmes.

OPÉRATION DE L'ÉPALEMENT ET DU JAUGEAGE MÉTRIQUE.

Le brasseur est présent, car il doit signer l'acte ou son fondé de pouvoir. Le vase de 10, 50 ou 100 litres est étalonné : S'il est surmonté de quatre petits tuyaux, on reconnaît que le vase est placé horizontalement, lorsque l'eau cesse de s'écouler en même temps par ces quatre issues. Si c'est une mesure ordinaire, il faut plus de soin et de temps et tâcher de l'avoir à surface rétrécie. Trois personnes marquent. La chaudière est entièrement pleine : alors, avec deux ficelles ou deux jauges à ruban, on prend le niveau d'eau en cherchant les deux plus grands diam. qu'on marque et qui coupent la chaudière en quatre parties égales; on enfonce prpendiculairement au point d'intersection un bâton droit qui, au mouillé, donne la hauteur totale. L'eau est écoulée; on replace les ficelles, et le bâton indique le centre de la chaud. Sur une feuille de calcul préparée à l'avance, on tient note de cette profondeur totale et du plus grand diam. Si les diam. diffèrent, on en prend la moyenne : cela fait, on procède aux dimensions des tranches en partant du fond de la chaud. et en marquant à droite et à gauche, à distance égale du centre, des points qui donneront des lignes parallèles.

On a bien opéré, lorsque les deux derniers points par en haut sont à égale distance du niveau d'eau. Il ne s'agit plus que de mesurer chacune de ces lignes dont la 1re, qui forme à elle seule la 1re tranche, sert de base à la 2e et ainsi de suite (voir le tableau page 38). Rien de fixe sur le nombre des tranches, cela dépend de la forme des vases; l'essentiel est qu'il n'y ait pas plus d'un dixième de différence entre les deux diam. qui les composent, et qu'elles n'aient pas plus de 50 cent. de hauteur. Il faut avoir soin, sur la feuille de calcul, de ne pas cumuler la profondeur : si la profondeur à la 1re tranche est 10 cent. et 40 à la 2e, on ne porte que 30 à la 2e, car la hauteur totale, jusque-là, n'est que de 40; en un mot, la haut. de toute les tranches doit donner la haut. totale.

On fait marquer le no et la contenance du vase, sur le rebord de la paroi sup.; on remplit le procès-verbal sur le reg. no 57, et on en remet l'ampliation au contribuable. L'acte d'épalement des chaudières rondes ou ovales, exprime le no, la profondeur, le diam. à l'ouverture. Il est bon de renvoyer à l'observation de la page 39 pour le cas où le fond de la chaud. est concave ou convexe.

BACS REFROIDISSOIRS.

L'épalement des bacs doit être fait de manière que les employés puissent à l'instant reconnaître la quantité de bière qu'ils contiennent, quand même ils ne seraient pas pleins. On suppose que le fond des bacs n'est entièrement couvert que lorsque l'eau s'élève à 10 c. du côté le plus bas, afin de s'arrêter à un point fixe et uniforme pour tous les bacs. Mais lors de l'empotement, il est bien de tenir note de l'élévation du liquide hecto par hecto jusqu'à ce que le fond soit entièrement recouvert. Pour connaître la contenance par chaque centimètre au-dessus de 10, on divisera le nombre de centim. dont se compose la hauteur, moins 10.

CUVES MATIÈRES, GUILLOIRES ET REVERDOIRS.

On doit pouvoir reconnaître aussi à l'instant, ce qu'elles contiennent pleines ou non. Si donc les dimensions de ces vases à l'ouverture et au fond, ne sont pas les mêmes, on devra tenir note de 20 centim. en 20 centim. du nombre d'hectolitres empotés.

Le procès-verbal d'épalement contiendra pour chaque cuve, son no, sa profondeur, son diamèt. à l'ouverture, sa contenance de 20 en 20 centimèt. et sa contenance totale.

INSTRUCTION MINISTÉRIELLE.

Sur le jaugeage des bateaux.

1er Le poids d'un bateau et de son chargement est égal à celui du volume d'eau qu'il déplace; en conséquence, la charge d'un bateau est égale au cube de l'eau déplacée par le bateau chargé, moins le cube de l'eau déplacée par le bateau vide.

2. Le tonneau de mer, de mille kilogrammes, est le poids d'un mètre cube d'eau, chaque décimètre cube ou litre d'eau pesant un kilogramme.

3. Les dimensions pour parvenir au jaugeage, seront mesurées en ligne droite à l'extérieur du bateau, et exprimées en centimètres.

Dans le cas où l'on serait obligé de les mesurer dans l'intérieur, on y ajouterait l'épaisseur du bois.

4. En séparant les six derniers chiffres à droite du produit de la multiplication des trois dimensions, ceux qui resteront à gauche indiqueront le nombre de mètres cubes ou de tonneaux de mer formant le tonnage du bateau.

Si le premier chiffre après la virgule est au-dessous du cinq, la fraction sera négligée, et dans le cas contraire, on la comptera pour un tonneau.

5. Pour connaître le tonnage total d'un bateau, il faut multiplier la longueur réduite du chargement par sa largeur moyenne, et le produit par la hauteur.

6. La longueur du bateau sera mesurée à la ligne de flottaison à charge complète, et s'il y a élancement, elle sera divisée en trois parties : la longueur entre les quêtes est la longueur de chacun des bouts.

La longueur réduite est égale à la longueur entre les quêtes, plus, pour chaque bout, le tiers de la partie de la longueur appartenant à l'élancement, si le bateau se termine en pyramide; la moitié, s'il se termine en prisme; les deux tiers, si les côtés formant l'élancement sont arrondis; et les trois quarts, si la courbure de l'élancement est circulaire.

7. La largeur moyenne du chargement est égale au huitième de la somme des largeurs moyennes, correspondant aux flottaisons suivantes:

A vide;

A charge complète;

Au quart, au milieu et aux trois quarts de la hauteur du chargement.

Ces trois dernières dimensions seront doublées dans le calcul.

Pour obtenir la largeur aux diverses lignes de flottaison, on divisera en huit parties égales la longueur entre les quêtes, et pour chacun des points d'intersection, on mesurera la largeur, ce qui donnera sept nombres, auxquels on ajoutera la demi-somme des largeurs à la naissance des quêtes : Le huitième du total sera la largeur moyenne de la surface horizontale à chaque ligne de flottaison.

8. La hauteur du plus fort chargement est la différence entre le tirant d'eau à charge complète et le tirant à vide.

Le tirant d'eau à charge complète égale la hauteur totale du bateau jusqu'à la surface supérieure du plat-bord, moins un décimètre.

9. Le tonnage par subdivision sera connu par le même procédé que le tonnage total : On calculera successivement les longueurs et largeurs progressives à 20, 40, 60 centimètres, etc. au-dessus du tirant d'eau à vide, et on en multipliera le produit par la hauteur de la subdivision dont on cherchera le tonnage.

10. La différence entre les divers tonnages progressifs par subdivision, formera le tonnage partiel de chaque tranche de 20 centimètres d'épaisseur.

11. Le tonnage, pour un centimètre dans chaque tranche, sera le vingtième de la capacité de cette tranche.

12. Dans le tonnage par subdivision, par tranche et par centimètre, on tiendra compte des centièmes de tonneau, les fractions ne devant disparaître qu'au dernier résultat pour la perception du droit.

13. Les échelles que l'on incrustera de chaque côté du bateau, seront en cuivre, d'un millimètre d'épaisseur et cinq centimètres de largeur ; elles seront graduées par doubles centimètres. Les divisions de cinq en cinq centimètres seront indiquées par un trait celles de décimètre en décimètre, par les chiffres 10, 20, 30, 40, etc. qui seront frappés en caractères de onze millimètres de hauteur, sur huit millimètres de largeur.

Ces échelles mises en place auront pour longueur la distance qui séparera les lignes de flottaison à charge et à vide, en suivant l'inclinaison ou la courbure du bordage; elles seront fixées au moyen de clous en cuivre, au nombre de deux en regard de chaque chiffre.

14. Les échelles seront placées de chaque côté du bateau, l'une à l'avant, à bâbord, l'autre à l'arrière, à tribord, et à égale distance du milieu et du point où commence la quête ou l'élancement.

15. Le cube d'un train s'obtiendra en multipliant sa longueur par sa largeur et par sa profondeur; on déduira sur la longueur les intervalles laissées vides entre coupons.

La largeur sera formée du cinquième de cinq largeurs mesurées aux deux bouts, au centre et à égale distance des bouts et du centre,

La profondeur sera prise aux mêmes endroits, et au besoin dans des points intermédiaires: On divisera le total par le nombre des dimensions qui auront servi à le former.

Le cube des espaces dans lesquels seraient placés des tonneaux pour maintenir les trains à flot, sera déduit du résultat.

16. Pour déterminer le volume extérieur des bascules à poisson, on ne cubera que l'espace occupé par le réservoir.

On le voit, l'opération repose sur deux principes, 1° un corps qui surnage déplace un volume d'eau égal à son poids, 2° on ramène au cube.

1° Si on suppose 4 vaisseaux chacun d'un mètre cube, garnis d'une échelle divisée en millimètres et d'une tare si légère, quoique solide, qu'elle représente juste la différence du poids de l'eau ordinaire des rivières à celle de l'eau distillée (et à la température moyenne) et qu'on remplisse le 1er d'eau, le 2e d'huile d'olive, le 3e d'alcool absolu, le 4e d'un cube de liége, on verra que le 1er s'enfoncera à 1000 millimètres, c'est-à-dire, à fleur d'eau, parceque (au moyen de la supposition de la tare) deux corps de même poids se font équilibre; et que les autres corps s'enfonceront de. . . . . .

Chaque millimètre représentant un kilogram., il en résulte que chaque décimètre cube ou chaque litre pèse. . . . .

Et que la densité est connue.

Mais si on compare à l'eau 3 corps plus pesants, il ne leur faudra pour faire équilibre à l'eau qu'un volume proportionné à leur pesanteur spécifique. On suppose que le platine, le plomb et l'ivoire sont sous la forme d'une plaque régulière s'adaptant au vase comme s'ils avaient été coulés).

Il n'en faudra donc pour faire équilibre à l'eau, qu'une hauteur de . . . .

Donc ils pèsent plus que l'eau à peu près. .

En effet leur densité est de. . . . . . .
Ces exemples sont palpables.
2° On ramène au cube.

CORPS PLUS LÉGERS QUE L'EAU.

1 EAU.	2 HUILE d'olivier.	3 ALCOOL.	4 LIÉGE.
1000 mil.	915 mil.	792 mil	240 mil
1 kilog.	915 g.	792 g.	240 g.

CORPS PLUS PESANTS QUE L'EAU.

EAU.	PLATINE.	PLOMB.	IVOIRE.
1000 mil.	0045 mil.	0088 mil.	521 mil.
1	22 fois.	11 fois.	2 fois.
1	22 069	11 352	1 917

Partager le bateau en trois parties, quêtes de l'avant, de l'arrière, partie entre les quêtes; prendre les largeurs moyennes entre les quêtes; prendre les largeurs réduites des quêtes en multipliant par le 1/3, la 1/2, les 2/3 ou les 3/4, selon qu'elles se terminent en pyramide, en prisme, en forme arrondie ou circulaire: tout cela c'est ramener au cube ou plutôt au parallélipipède, car les bateaux sont plus longs que larges.

Cela posé, si tous les bateaux étaient comme certaines sapines de la Loire, qui n'ont ni quêtes ni inclinaison, et qui sont de véritables parallélipipèdes, il suffirait de multiplier l'une par l'autre les trois dimensions, longueur, largeur et profondeur, et tout serait connu; et si, déduction faite du poids du bateau et du décimètre de tolérance pour la charge complète, le bateau avait 100 centim. de hauteur, jaugeant 100 tonneaux, il est clair que chaque centimètre représente un tonneau; toute l'opération serait si compréhensible qu'elle pourrait être faite par un enfant. Mais il n'en est pas ainsi, et c'est ici qu'il faut de l'attention.

Les bateaux ont assez généralement la forme d'un carré-long entre leurs quêtes; ils n'en diffèrent que par l'inclinaison donnée à leurs parois, et ils peuvent y être ramenés par les additions ou déductions à leurs plus grandes dimensions qui servent ordinairement, pour les largeurs, prises à l'avant, au milieu et à l'arrière, bien que les feuilles de calcul soient disposées de manière à pouvoir le faire à neuf places différentes.

On nomme quêtes d'un bateau les deux parties qui s'élancent, soit à l'avant en se rétrécissant pour laisser moins de résistance à l'eau en remontant les fleuves, soit à l'arrière en s'élargissant pour faciliter leur marche lorsqu'ils les descendent; ces deux parties sont construites selon le besoin du cours des eaux. L'administration a admis quatre formes de quêtes, comme il vient d'être dit; l'employé qui opère doit savoir les distinguer pour établir ses longueurs réduites. quoi qu'elles ne soient jamais en rapport parfait avec les figures géométriques qui les régissent.

La grande affaire pour le jaugeage d'un bateau est de savoir prendre les dimensions et d'en tenir note; cette note se dispose à l'avance sur une feuille en peau d'âne qui n'a plus qu'à recevoir les chiffres au crayon, les autres indications étant à l'encre; elle se trouve à la fin de cet article. La feuille de jaugeage bien étudiée ne laisse rien à désirer pour établir les calculs qui sont très simples; les notes qui y sont jointes expliquent tous les cas qui pourraient embarrasser celui qui commence à opérer.

Le premier soin du jaugeur est de marquer la naissance des quêtes de l'avant et de l'arrière, s'il en existe des deux côtés, et prendre ses dimensions dans l'ordre ci-après.

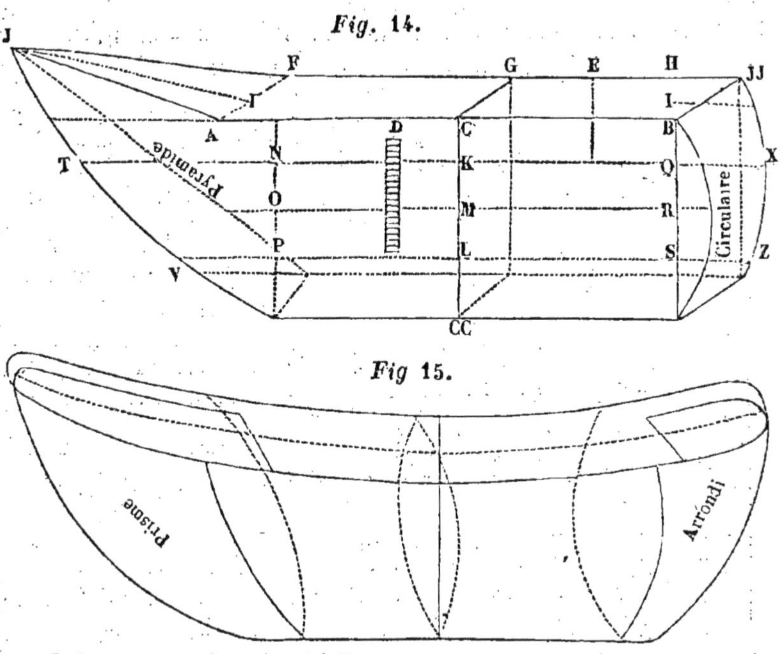

1º La longueur entre les quêtes **A** à **B**.
Moitié de cette longueur pour connaître le milieu, et le 1/4 pour placer les échelles **D** et **E**.
2º L'élancement total de la quête de l'avant **I** à **J**.
3º L'élancement total de la quête de l'arrière **I** à **JJ**.
Ces trois dimensions réunies donnent la longueur la plus grande de l'avant à l'arrière.
4º La largeur à la naissance des quêtes de l'avant **A** à **F**.
5º La largeur au milieu au-dessus du plat-bord **C** à **G**.
6º La largeur à la naissance des quêtes de l'arrière **B** à **H**.
7º Hauteur totale au milieu des flancs mesurés de chaque côté, du dessous du bateau jusqu'à la surface du plat-bord **C** à **CC** et **G** à **CC**.

Déduire 10 centimètres à la partie supérieure du bateau pour marquer la charge complète **K**; placer le tire-fond du régulateur au point **K**, et chercher au moyen du plomb le tirant d'eau à charge complète **K** à **L**; la différence du tirant d'eau à charge complète à la hauteur totale moins 10 centimètres retranchés, fera connaître le tirant d'eau à vide.

Le tirant d'eau à charge complète connu, est marqué en partant de l'eau, à l'avant de **P** à **N** et de **V** à **T**; à l'arrière de **S** à **Q** et de **Z** à **X**.

8º L'élancement à l'avant à charge complète de **N** à **T**.
9º   id.   à vide de **P** à **V**.
10º L'élancement à l'arrière à charge complète de **Q** à **X**.
11º   id.   à vide de **S** à **Z**.

Toutes ces dimensions prises, il ne reste plus qu'à ramener les largeurs à une moyenne, et pour y parvenir il faut placer le plomb bien perpendiculairement afin qu'il ne touche que la partie la plus large du bateau; déduire ou ajouter à la largeur **C** à **G** les centimèt. trouvés de chaque côté à charge complète **K**, à mi-charge **M**, et à vide **L**; en faire tout autant aux largeur prises à la naissance des quêtes, à l'avant aux points indiqués par **N**, **O** et **P**, à l'arrière à ceux **Q**, **R** et **S**, et de même à toutes les largeurs que l'on pourrait prendre si le bateau était trop irrégulier.

Il est important de remarquer que lorsque les parois des bateaux sont perpendiculaires, les colonnes de la feuille de jaugeage nos 7, 8 et 9 restent en blanc; elles sont remplies lorsqu'il y a inclinaison. Autrement lorsqu'on reconnaîtrait le tirant d'eau, on percevrait sur un tonnage erroné; c'est-à-dire, que si un bateau porte 100 tonneaux, que la hauteur perpendiculaire soit de 100 c., et que l'échelle d'après l'inclinaison soit de 100, on ne doit percevoir que sur 100 centimètres à charge complète, quoique le 100e centimètres soit mouillé.

DIMENSIONS POUR REMPLIR LA FEUILLE 27. D.

DIMENSIONS pour calculer le tonnage.		DIMENS. totales.	BABORD D.	TRIBORD E.
Hauteur du plus fort chargement . . 135	Hauteur totale. . .	176	176	177
Longueur réduite à charge complèt 3651	Tirant d'eau à vide. .	31	30 L.	32 L.

		DIMENS. totales.	LONGUEUR effective des quêtes		FORME des quêtes.
			à charge.	à vide.	
Largeur moyenne du chargement . 751	Long. entre les quêt. AB	3120			
Charge complète 370 tonneaux.	Long. des quêt. à l'av. IàJ	670	N à T 475	P à V 90	Pyramid.
	id. id. à l'ar. IàJJ	660	Q à X 560	S à Z 560	Arrondi.

		DIMENS. totales.	À DÉDUIRE DES LONGUEURS totales.		
			à charge.	à 1/1 char	à vide.
	TOTAL ou longueur la plus grande de l'avant à l'arrière J à JJ . .	4450			
	Largeur à l'avant à la naissanc. des quêt. AàF	804	N 20	O 42	P 62
	Larg. à l'ar. à l. n. d. q. BàH	796	K 22	M 54	L 86
	Larg. au 1/4 de la largeur	»	»	»	»
	id. au milieu C à G. .	791	Q 20	R 41	S 63
	id. au 3/4 de la largeur	»	»	»	»

SIGNALEMENT DU BATEAU.

Son espèce : Chaland.
Son nom : Le Victorieux.
Son port : Nantes.
Son départ : Loire-Inférieure.
Nom du propriét. : Vivien Louis.
Nom du conduct. : Vivien fils.

PROCÈS - VERBAL (Modèle de).

Afin de fixer les idées sur les cas de nullité.

(1) Date du procès-verbal et heure où commence la rédaction.	L'an... .le. . . .à (1) heure du (matin ou du soir); à la requête de M. le Conseiller d'État, directeur de l'administration des contributions indirectes, dont le bureau central est à Paris, rue de Rivoli, Hôtel des finances ; poursuites et diligences de M. . . . .directeur desdites contributions pour le département
(2) Noms, qualités et demeure de celui chargé des poursuites.	d. . . ., (2). . . ., demeurant à. . . . lequel fait élection de domicile pour la suite du présent chez M. . . . ., directeur de la même administration pour l'arrondissement d. . . ., demeurant à. . . . ., rue. . . . ., no. . .
(3) Noms, qualités et demeure des saisissans	Nous soussignés (noms, prénoms et grades des employé) (3) tous employés des contributions indirectes, demeurant (le 1er s'il est contrôleur ambulant) à. . . . et les autres à. . . ayant
(4) Date de la saisie.	serment en justice et porteurs de nos commissions, certifions que ce jour à. . .heure du. . . (4) étant dans le cours de nos tournées ordinaires, sur la route de. . . .à. . . ., nous avons rencontré une voiture qui nous a paru transporter des liquides : voulant nous assurer s'ils étaient de ceux soumis aux droits, nous nous sommes approchés du conducteur à qui nous avons fait connaître nos qualités et lui avons demandé ce que contenaient les fûtailles que nous remarquions sur sa voiture ; il a répondu que c'était du vinaigre. Voulant nous assurer de la sincérité de ses dires, nous lui avons déclaré que nous allions procéder à la dégustation. Nous avons alors percé les fûts qui étaient sur la charrette, au
(5) Espèces, poids ou mesure des objets saisis.	nombre de deux, et il en est sorti de l'eau-de-vie, (5) l'avons goûtée et reconnue, avec le conducteur, être de bonne qualité. Celui-ci,

(6) Cause de la saisie.

(7) Déclaration de la saisie au prévenu.

(8) Offre de main-levée.

(9) Noms et qualités du gardien (s'il en est constitué).

(10) Lieu de la rédaction
(11) Présence de la partie ou sommation à elle faite d'y assiter.

(12) Lecture au prévenu.
(13) Heure de la clôture.
(14) Remise de la copie.

sur notre interpellation, a dit se nommer Simplet Nicolas, bouilleur de crû à. . . . et ne pas avoir d'expédition (6). Procédant alors au pesage du liquide au moyen de notre aréomètre et du thermomètre centigrade, nous avons reconnu avec ledit Simplet, que l'eau-de-vie de chacun des fûts pesait 60 dégrés centésimaux et, au moyen du jaugeage, qu'ils étaient chacun de la contenance de 2 hectolitres. Attendu sa contravention à l'article 6 de la loi du 28 avril 1816, nous lui avons déclaré (7) procès-verbal et la saisie des deux fûts sus-désignés, contenant ensemble 4 hectolitres d'eau-de-vie pour 2 h. 40 litres d'alcool pur; avons contremarqué les pièces de deux demi-ronds de notre rouanne, près la bonde, et les avons estimées de gré à gré avec le sieur Simplet, à 250 fr. eau-de-vie et tonneaux: Sa solvabilité ne nous étant pas connue, nous lui avons déclaré en outre la saisie de la voiture, des deux chevaux qui la conduisaient et des harnais, mais seulement pour garantie de l'amende et avons estimé ces objets à 500 fr. Nous avons offert au sieur Simplet (8) main-levée de toute la saisie s'il nous fournissait caution valable ou s'il consignait le maximum do l'amende par lui encourue: il nous a alors priés de l'accompagner avec le chargement jusqu'au premier village où il nous procurerait une caution. Arrivés audit lieu avec le voiturier, il nous a présenté le sieur. . . . (9) de nous bien connu, lequel s'est porté caution, et que nous avons agréé. Avons alors laissé les objets saisis à la disposition du sieur Simplet, sur la promesse qu'il a faite ainsi que la caution, de les représenter à toute réquisition, ou leur valeur. Et de suite, accompagnés desdits, nous nous sommes transportés chez le sieur. . . ., cabaretier à . . . .; (10) nous y avons, en leur présence (11) rédigé le présent procès-verbal, leur en avons donné lecture (12) avec invitation de le signer, ce qu'ils ont (refusé ou promis de faire): L'avons clos les jour, mois et an sus dits à (13) heure du. . . ., avons remis copie au. . (14) et à la caution, après avoir signé.

<hr>

ERRATA.

Page 5, ligne première, pas de loi sans sanction doit commencer la phrase.
Page 5, ligne 6, LISEZ: unie à la modération.
Page 9, ligne première, 2e tableau, AJOUTEZ: dans les villes fermées.
Page 9, ligne troisième, 2e tableau, LISEZ: à domicile dans les villes ouvertes.
Page 11, ligne 6, AJOUTEZ: notarié et enregistré.
Page 11, ligne 21, après le mot exercice, AJOUTEZ: on fait décharge du surplus.
Page 11, no 31, AJOUTEZ: non comprises.
Page 13, no 14, LISEZ: douze heures d'avance dans les campagnes, et 4 heures dans les villes. RETRANCHEZ: 24.
Page 14, ligne 17, 7e tableau, après: de fabrication, AJOUTEZ: qu'un distillateur chercherait à soustraire à la prise en charge.
Page 15, ligne 9, après ces mots: être saisi, AJOUTEZ: s'il y a intention de fraude.
Page 15, 8e tableau, no 1e, LISEZ: fabriquées à l'étranger.
Page 15, no 2, LISEZ: chefs-lieux.
Page 15, no 3, LISEZ: par un fabricant.
Page 15, no 4, AJOUTEZ: à portrait français.

Page 17, no 9, ligne 25, LISEZ: voyage.
Page 17, ligne 31, après des places, AJOUTEZ: si elle excède le 10e.
Page 20, article 8, après: dispensés, AJOUTEZ: mais ils ne peuvent naviguer à vide.
Page 21, 15e tableau, article 3, LISEZ: seraient entées, au lieu de: entrées.
Page 22, article 19, et page 23, article 40: LISEZ: défaut, au lieu de: refus.
Page 23, 16e tableau, LISEZ: alkermès, au lieu de: alkoemis.
Page 24, au mot vendanges, LISEZ: pour deux de vin, au lieu de: pour trois de vin.
Page 26, 20e tableau, no 2, LISEZ: 4 classes.
Page 26, id. no 7, en face, licence, le guillemet remplacé par: 1er.
Page 27, 5e colonne, ligne 16, LISEZ: caisses et futailles, au lieu de: colis.
Page 27, 5e colonne, ligne 40, LISEZ: les quantités enlevées.
Page 27, no 25, AJOUTEZ: au moment de la cessation des travaux et du.
Page 29, ligne 5, 055, RETRANCHEZ: le zéro.
Page 34, lig. 11, avec du 44, AJOUTEZ: et du 85.
Page 36, ligne 1re, REMPLACEZ l'apothème par: la longueur du côté.

Pag. 36, cône tronqué, appréciation inexacte. Voir page 8[?].

Page 36, solidité du cône droit, RETRANCHEZ: droit. Même page, 2e colonne, 7e ligne, RETRANCHEZ: ou segment.

Page 38, ligne 4, LISEZ: 86 et non: 96.

Page 38, cuve ovale, VOIR: page 55.

Page 39, ligne 8, un cinquième, LISEZ: un dixième, et AJOUTEZ: et que les tranches n'aient pas plus de 50 centimètres de profondeur.

Page 39, calottes sphériques, VOIR: page 62, non sujets.

Page 43, ligne 11, bières, [...] matière.

Page 43, 1re colonne, LISEZ: rendre [...] réserves.

Page 45, ligne 12, LISEZ: la bière, [au] de, qualité.

Page 46, ligne 1re, LISEZ: par un, et [...] pas: dans un.

Page 48, 3e colonne, dernière ligne, LIS[EZ]: lieux non sujets.

NOTA. Aux articles CONTRAVENTIONS: les lettres initiales A. S. C. signifient: amend[e], saisie, confiscation.

TABLE DES MATIÈRES.

LETTRE
D'HYPOCRATE
A
DAMAGETTE.
TRADUCTION.

A COLOGNE,

Chez JACQUES LE SAGE,
Au Politique.

M. DCC.

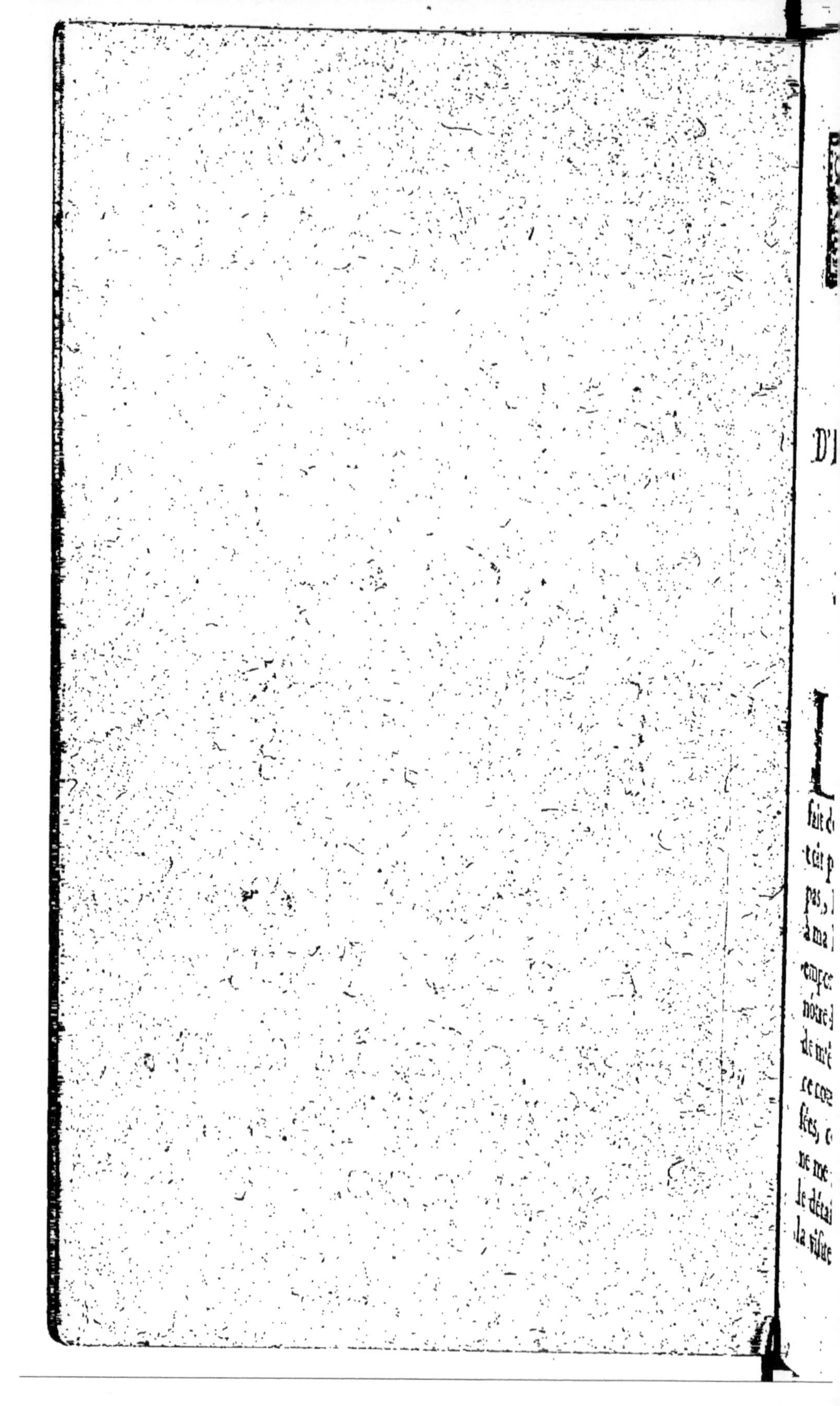